1

秦淮八艳之

柳如是

柳如是传

典藏精品 芍香初◎著

广东旅游出版社
GUANGDONG TRAVEL & TOURISM PRESS
悦读书·悦旅行·悦享人生

图书在版编目（ＣＩＰ）数据

秦淮八艳之柳如是传 / 芴香初著 .—广州：广东旅游出版社，2014.1

ISBN 978-7-80766-765-0

Ⅰ . ①秦… Ⅱ . ①芴… Ⅲ . ①柳如是（1618 ~ 1664）—传记
Ⅳ . ① K828.5

中国版本图书馆 CIP 数据核字 (2013) 第 299969 号

责任编辑：何　阳
封面设计：金　刚
责任技编：刘振华

广东旅游出版社出版发行

（广州市越秀区先烈中路 76 号中侨大厦 22 楼 D、E 单元　　邮编：510075）

邮购电话：020-87348243

广东旅游出版社图书网

www.tourpress.cn

北京毅峰迅捷印刷有限公司

（通州区潞城镇南刘各庄村村委会南 800 米）

710 毫米 ×1000 毫米　16 开　14.5 印张　222 千字

2014 年 1 月第 1 版第 1 次印刷

定价：29.80 元

目 录
CONTENTS

I

附录一　柳如是诗词 （另附柳如是诗词）

附录二　柳如是年表

第一章

人间遗恨常难裁

惜多才，怜薄命，天付可留没。揉碎花笺，忍写断肠句。道阶杨柳依依，千丝万缕，抵不住、一分愁绪。

如何诉？便教缘尽今生，此身已经许。挹夕盟言，不是梦中语。后回若莆重来，不相忘处，把杯酒、浇奴坟土。

第一节　扬州瘦马的凄惨童年

我总是喜欢坐在曲折的回廊里，听风听雨看阳光，每当那时候，我就感觉时间仿佛停止了流淌，心也变得格外宁静。

我半仰脸，看着头顶的天空，天色渐黑，蓝色开始转暗但仍然晶莹剔透，天空看上去是那么低，好似一伸手就能碰到它。廊中新栽了一株梨花，花色莹白，如一池清雪，淡淡的幽香溢出，连带出了我的思绪。

这里是归家院，我从5岁便开始生活的地方。很多人艳羡这里的生活，以为总是宝马雕车香满路，男人们更是趋之若鹜，可我早已厌倦了身不由己的卖笑生活。纸醉金迷、灯红酒绿，我早已看透了这些虚与委蛇。

被卖到归家院的时候，我才五岁。

我记得那是一个冬天，一向温润的南方居然下起了鹅毛般的大雪，我是被父亲带到这里来的，然后我亲眼看着我的父亲消失在人海中，对于一个只有5岁的孩童来说，或许还不知道这意味着什么。

父亲走了，我被一个妇人带到了一个小楼里面，穿过重重的回廊，我看到了很多美丽的女子，在昏暗的灯笼的映衬下显得愈发的秀美。妩媚的身段，俊秀的面庞，温柔的吴侬软语，这一切都显得那么陌生，所有的一切都跟我这个衣衫褴褛的小女孩不搭。

不知道绕了几个弯，我终于被带到一间房里，房间装饰考究，有一股淡淡的檀香味，我见到了一个女子，白皙的皮肤，雍容华贵，眉宇间有着淡淡的忧愁，见惯了乡野村妇的我，第一次见到如此华美的女子，如同从画卷中走出来的仙子。

我瞪着眼睛看她，恐惧顿生，这里的一切都那么陌生，未知的恐惧擒了我的心，可我竟然没有哭出来，只是苍白了小脸，紧紧地咬住下唇，微微后退了一小步。

她看了我一眼，轻笑。

我分不清她笑容里的意味，只看见她的眼珠漆黑明澈，似能洞穿人心。

"这里是归家院，从此以后这里便是你的家了，要听话。"她的声音温柔但是却充满威慑，目光淡然如水，却不怒自威。那般轻的声音，竟叫我瘦小的身体生生一颤。

这个女子便是徐佛。

曾是红遍江南的江南名妓，她看了一眼窗外的雪景，继续说道，"至若隐遁之意，则当日名媛，从今之后，你就叫杨媛吧。"

我懵懂地点了点头。

这个女人赋予了我姓名，而我的人生，从此便与她结下了不解之缘。

而许多年之后，她告诉我，见到的时候，便觉得我与众不同，见过了那么多女孩，而我眼睛中的倔强，是她第一次从一个女童脸上看到。

我出奇地听话，不哭不闹，从5岁开始，我便知道我是个被抛弃的孩子。

我从那时候便知道要学着自强独立。

徐佛姐对我很好，她是我见过最温柔的女子，哪怕我做错了事情，她也只是轻轻地说我几句，从来不会大声地训斥我。我经常默默地在一边看着她起舞弹琴，总觉得那便是世间最美的境界，可惜那时候的我太小，想不出更美的词语形容那种美丽。

一直到7岁的时候，徐佛姐才叫我跟着她开始学习各种技艺，读书认字、品茶、下棋、跳舞，她唱小调的样子真的好美，她翩然若画的舞姿好美，可幼时的我太过笨拙，模仿时总将那份美破坏无遗，为此，我总是很沮丧。

徐佛姐看我又一次踩着裙角摔倒的样子，走过来扶起我，看着我失落又艳羡的目光，笑说："媛儿，你学的已经很快了，总有一天你会跟我一样美。"

然后露出一个惊鸿的笑，满院的梨花仿佛瞬间凋落，如诗如画。

她常常带我在梨花树下练习走步、训练唱腔，微风一吹便是一场梨花雨，冰冰凉凉地钻入脖颈。

"原来姹紫嫣红开遍，似这般都付与断井颓垣。良辰美景奈何天，赏心乐事谁家院？朝飞暮卷，云霞翠轩，雨丝风片，烟波画船，锦屏人忒看的这韶光贱。则为你如花美眷，似水流年，是答儿闲寻遍，在幽闺自怜……"每次唱到游园惊梦的唱词，徐佛姐总是会格外地忧伤，每当我用稚嫩的声音询问的时候，她总是会说，"你还小，不懂。"然后就会在漫天的梨花雨中轻舞飞扬起来。

伴随着咿咿呀呀的唱词，我渐渐地长大了，我渐渐开始明白自己的身份，我就是有名的"扬州瘦马"，就是供男人们玩乐的女子。我们的命运无非有两种，一种是做有钱人家的丫鬟小妾，一种便是被卖到妓院里面，开始纸醉金迷的生活。

我痛恨"瘦马"这个词，我觉得这是对女性的一种带有侮辱性的词语，对女性肆意的践踏让我觉得无法忍受。

可是命运已是如此，我又能做些什么呢？·

徐佛姐常常教导我和小宛，她觉得我俩是最有潜质的女孩子，她告诉我们，一定要好好学习技能，这是我们孤苦女子活下去的唯一途径，也是唯一的希望。

那个时候，董小宛是我最好的朋友，她是后来才来到归家院的，我们几乎形影不离，一起读书，一起画画，一起做女红，时间赋予了我们越来越秀美的面孔，越来越优雅的身段，徐佛姐说的没错，总有一天我会跟她一样美丽。

小宛常常拉着我的手，说："媛姐姐，徐妈妈会把我们卖掉吗？"

然后就用一双忽闪的大眼泪汪汪地看着我，我总是像长姐一样搂过她瘦小的肩头轻拍，然后安慰她："不会的，徐妈妈对我们那么好，你又那么乖，怎么舍得卖掉你呢？"其实我自己也不知道，我每日也诚惶诚恐，可我还是在努力地学习技能，因为徐佛姐跟我说过，那是我活下去的资本，我要活下去。

就这样，时光像一把无痕的刻刀，把我们雕琢得越来越精细。

不觉间我在归家院已经待了九年，我慢慢地忘记了父母的样子，忘记了自己的乡音，忘记了家的方向，记得的全部都是徐佛教我的，徐佛姐给我读很多书，大都是些莺莺燕燕的诗句，那些枯燥乏味的诗词总让我昏昏欲睡，提不起劲。只有每当读到岳飞先生的"靖康耻，犹未雪，臣子恨何时灭"时，我的心情便前所未有的激动，仿佛有一腔热血在血脉里激荡。

我喜欢读花木兰替父从军，梁红玉随夫上战场，这些故事都让我热血沸腾。年幼的我只觉一股豪气涌在心间，举手投足间，也不知觉便多了几分豪迈，但在徐佛姐面前，还是得规规矩矩作女儿姿态。

徐佛姐是禁止我读这些书的，她说女孩子就是要婉约，打打杀杀的像什么样子，但是偶尔经不住我的央求，也会给我讲些女英雄的故事，那个时候，我的思绪总是随着那些热血英雄一起在战场上翱翔。

这样的时光一直持续到了崇祯三年。

那个时候的我已经出落成了亭亭玉立的女子，嘴不点而含丹，眉不画而横翠，如描似削身材，怯雨羞云情意，举措多娇媚。归家院渐渐地也把我们教出了大家闺秀的气质，个个技艺不凡。

徐佛姐常常说，女孩子出来讨生活已经很艰难了，不能再自己糟蹋自己了。

可那时候，我对徐佛姐话还有些似懂非懂。

"傻丫头，想什么呢？"

我的回忆被一个女子的声音打断，我抬头一看是徐佛姐，我赶紧起身去迎接她，她挽着我的手把我带进了西南角的小厢房里面。

她笑着对我说："媛儿，周家老爷来选丫鬟，我推荐了你，去吧，总比以后落入娼妓做个窑姐要好。"

我的心里一紧，没想到时日竟过得这么快，像我这一类女子，最怕的便是落入娼妓任人糟践，可是随着时日渐长，每一个从这里出去的女孩儿都有一条不得不选的路要走。

我仔细看着徐佛姐，岁月还是在她的脸上刻上了痕迹，当年那个淡眉如秋水玉肌伴轻风的女子今天已经不再那么明艳照人，我看着她忽然觉得有些伤感。我低头思索了半天，晓来谁染霜林醉，只是离人泪，天下没有不散的宴席。

"好。"

这个字从嘴角滑落出来的时候，我的眼中便已有滴泪水滴落。

徐佛姐紧紧地抱着我，我知道这便是宿命，我无法更改的宿命。小宛听到这个消息的时候，抱着我哭，我们像小时候一样，紧紧地抱在一起，心中有种血肉割离的痛。

　　这一别，不知何时才能再能与她们相见，可是我们都别无选择……

　　告别归家院，我站在门口看着往日熟悉的门庭府邸，不等泪水再次滑落，便转身离开。从此，我的人生就要进入另一番境地，可是前路，却一片苍茫。

第一章
人间遗恨常难数

第二节　故相下堂妾

周府是吴江城有名的大户人家，老爷周登道曾经做过吴江的故相。虽说是故相，却也是享尽了富贵荣华。

这个周登道，我在归家院就已经听说过。

归家院常常会聚集一批文人雅士，他们会在大堂里面高声谈论当今的世道，国难家患，我最喜欢的就是倚在厢房的栏杆上听他们讲话，这里面就常常会听到周登道的名字。

从他们的口中我知道那是一个极其懦弱、没有自我的相国，还听到了不少关于他的笑话，他们说这个人极其爱装孙子，但是命运却出奇的好，相国便是抓阄抓来的！有一次崇祯皇帝宴请宾客，席间问周登道，"近来诸臣奏疏中，总有'情面'两字。何谓情面？"没想到不学无术的周登道居然回答，"情面者，面情之谓也"，每次说到这些，归家院的上空总是会响起爽朗的笑声。正是这样一个贻笑大方的人，我要到他的府上做丫鬟，说实话，心里有千百万个不乐意，更多的是看不起。

崇祯五年的秋天，我跟着侍从来到了周府，虽说初秋，叶子却开始大片大片地掉落。马车在周府的偏门停下，不远处便是正门，门口的两个大狮子极其威武，一看便知家世不菲，朱门上面雕刻着神兽，面目狰狞。我走近了几步，站在朱门前看着反射在朱漆上的自己，面色惨白，也许是长途的颠簸导致的，我用双手把几缕短发拢在了耳后。

"你不知道进府的下人是不允许靠近正门的吗？在那里磨蹭什么，还不快过来！"

身后的叫唤让我回了神，我冷冷一笑，颇有几分不屑，但也不想跟这般人多累口舌，便跟着那厮从偏门进入。

府内是一些秀丽的小阁楼，古意盎然，曲径通幽，别有一番滋味。空气中全是风露与花的甜香，中人欲醉，心里的憋闷之气顿时便觉清减了几分。

我跟在小厮的后面，静静地走着，这一切都像是梦境一般，我甚至不知道自己为何告别了归家院，又为何要来到这里。看着琉璃飞檐在晨旭下流淌如金子般耀目的光泽，我才渐渐有了真实的感觉。

顺着院子一直走了很久，终于来到了一个祠堂样子的厢房，小厮停了脚步，我一时走神差点撞到，惹得那小厮一阵白眼，用鼻孔对着我斥道："老太太在里面等你，莽莽撞撞的，要是冲撞了老太太，一顿鞭子可是少不了的。"

之前我就知道我是周故相为自己的老母选的贴身婢女，而小厮口中的老太太便是周相国的老母亲，我淡淡瞥过小厮一眼，也不答话，只是迈着诺诺的步子走入祠堂。

祠堂简洁而不失高雅，考究的雕花设计，昂贵的古董，在祠堂中间我看到了一个慈祥的老太太，头发梳的是最常见的流云髻，手里拿着一串佛珠，威严中透着慈祥，我的心里没来由一阵紧张，但又一想，为这样的老太太做婢女，想来会安心不少。

我赶紧跪在地上向老太太行礼，因为紧张我感觉自己脸部在发热，我赶紧把脸垂下去

"抬起头来让我瞧瞧。"老太太的话语里面存在着不容违逆的威严。

我缓缓地抬起头来，目光不知道定格在哪里，飞快地抬头瞟过老太太一眼，视线扫过远处的一个古董花瓶，只一眼，却也看清了那花瓶后面是唐寅的一副字画，画笔豪放不羁，如行云流水般，一气呵成。被那股豪气吸引，我的视线再回视过去，瞬间竟有些出神。

"果然是个俊秀的丫头，起来吧。"

我应声而起，手足无措地站在那里，不知道该做些什么。

这个时候，进来一个人，六十岁的样子，头发和胡须早已花白，满脸的皱纹，嘴角间似乎略带些盈盈的笑意，一进来就朝老夫人作揖："母亲大人有礼。"

我一下就明白过来，这就是传说中的故相周登道，倒和想象中有几分落差。

他看我站在那里，不由得多看了几眼，摸着胡子啧啧点头，询问起来："是从归家院新进的丫头吧，倒是个不错的人儿！叫什么名字，芳龄几何啊？"

"奴婢杨媛，年方十四岁。"虽然不是很情愿，我还是用极小的声音回答了他，真是人在屋檐下，不得不低头。

"素闻归家院的姑娘技艺高超，长相更是惊为天人，今日一见，果然不同凡响。"老头子眼底泛着亮光，动也不动，直愣愣地看着我。我厌恶极了那道目光，只觉得浑身上下都很不自在，忙不迭地回避他的眼神。

老太太看了周登道一眼，缓慢地掐着佛珠，对我挥了挥手："你先下去吧，让小厮给你寻个住处安顿下来，明儿再来见我。"

老太太及时开口，让小厮带我下去，我总算是长吁一口气，一直走出祠堂，依然感觉身后那道火辣辣的光线，让我毛骨悚然。

我的心里突然涌起一种强烈的不安，这是离开归家院之后，第一次有这种不安的感觉，我突然好想回到归家院，只有那里才是我的家，有我的亲人徐佛姐和小宛，至少，那是一个可以让我安心的地方。

可是我的脚步，却不由心里的想法，一步不慢地跟着小厮走向更加陌生的方向。

不可否认，周府真的很漂亮，天空清澈蔚蓝，色彩随纯但是清透无比，再加上秋天的金黄，所有的一切都泛着晕光。

我就这样开始了在周府的生活，我的主要职责是伺候老夫人的生活起居，老夫人性格温和，吃斋念佛，是个极易相处的人，她总是夸奖我聪明，说我眼疾手快，把她伺候得很舒适。一天天过去，日子渐渐地安稳起来，我尽心做事，也算过得平静。

慢慢地我却察觉出些不妥来，周相国来祠堂看母亲的次数明显增加，有时候一天好几次，每次当他肥胖的身影出现在祠堂的时候，我就紧张不安，终于我担心的事情还是发生了。

天气慢慢变冷，不觉间还下了场小雪，银装素裹。吴江的天气下雪是很不常见的事情，丫鬟们都兴奋极了，我躲在梅林深处看雪，可是我一点都不开心。

刚刚听老太太说，我被周老爷要去做了最末一房的小姜，十四岁的我不知道这意味着什么，我是最后一个知道的，明天我便是那个故相的小妾，供他玩乐的小妾。想到这些，泪水流下来，在寒冷的空气里格外的冰凉。我掐了一枝梅花，拿回厢房，同住的丫鬟紫鹃微笑跟我打招呼："恭喜你啊，一跃变成九奶奶了。"我放下手里的梅花，看着菱形镜子中的自己，脸蛋白皙水滑，眼睛里却满是亮晶晶的泪滴，胭脂红的嘴唇，我真的长大了。

就这样，我成了周登道的小妾，当他苍老满是皱纹的手抚摸我的时候，恐惧感与恶心感让我反胃，伴随着痛彻心扉的一阵痛，我的眼泪滑向嘴角。

但不可否认的是，他对我很好，他常常说我就像是个宝贝，他跟我在一起特别的开心并且觉得自己年轻了。他常常抱着我，让我坐在他的膝上，微笑地陪我下棋或者读诗，这个时候的我，脑海中总是隐隐约约地有些模糊的记忆，小时候常常有个老人这样抱我，只是我不记得那是谁了。

他很喜欢我，教我读诗学音律，渐渐地我发现他也没有想象中的那么讨厌，我很少讲话，他说我笑起来的样子很美好，他说我只有在读书的时候才会笑。

在后院有一个藏书楼，叫芜雀楼，里面是周老爷毕生珍藏的书籍，小楼造得也算雅致，很多个夜晚，周老爷带我来芜雀楼，夜晚的月亮格外的圆，月色如水，倾泻在阁楼上，亭台楼宇间，全是天下藏书，还有一些有名的碑帖，我像是来到了另外一个世界，肆意地徜徉于芜雀楼中。

我常常陪周老爷在芜雀楼读书，慢慢地竟然看完了所有的藏书。他常常也会泼墨一番，我就看他写字，有时候也会起舞一番，或者是各人做各人的事情，屋中流动着闲适的气息，我渐渐变得心安起来。他还给我起了一个名字，叫"朝云"，苏轼被贬杭州通判的时候，有一个叫王朝云的青楼女子日夜相陪，周老爷也觉得我是他的红颜知己，他还泼墨了苏轼的一副楹联"不合时宜，惟有朝云能识我；独弹古调，每逢暮雨倍思卿"挂在芜雀楼里。

平静的生活总是过得格外快，料峭的枝头还未填新芽，周老爷患了伤寒病倒了。周大夫人一直就不喜欢我，觉得我是狐狸精，归家院那种地方出来的姑娘总是得不到人的尊重，只是我没有想到，一场巨大的阴谋正在向我逼近。

第三节　栀子花下的阴谋

五月的一天，东厢房边上的栀子花开了。

我在厢房内总是会闻到破窗而入的氤氲香气，皎洁的夜光下，我常常在昏暗的油灯下，我常常轻抚未开的花骨朵，看着这些含苞待放的蓓蕾在月光下发出柔和的光，我整个心都是激动的，一点点地绽放在之间，诗意盎然。我甚至会默默的祈祷周老爷的伤寒早日好起来。

第二天一大早，一群小厮忽然闯入我的房间内，把正在梳妆的我捆绑起来，丫鬟紫鹃吓得大叫起来，"放开九奶奶。"声音响彻整个芜雀楼。

我也不知道自己究竟犯了什么罪过，带头的小厮只是说奉命行事，把我带去大堂。一路上我前后反复思量下，我也不知道自己究竟犯了什么错，要把我捆绑起来，一种不好的预感涌上心头，脑袋里全是周大奶奶那张皮笑肉不笑的脸。

等我被带到大堂的时候，我就看到整个祠堂里面坐满了人，周老太太一脸怒气地坐在中央，大奶奶和各种小妾分成两排坐，把大堂挤了个严严实实。

小厮把我狠狠地摔在地上，一个不稳，膝盖一阵剧痛，豆大的汗珠顺着流下来。还未定神，周大奶奶把手里的杯子朝我丢过来，来不及躲闪一个硬物砸在我的额头上，顿时鲜血如注，头发披散开来。

我咬紧嘴唇，抬起头来，平复了下心情，"我究竟犯了什么错？你们要这样对待我？"我的话还没说完，大奶奶尖细的声音就响起来，"哼，死到临头了，还说不知道自己犯了什么错，这是什么？"周大奶奶从桌子上拿起一个肚兜丢在地上，

"仔细看看，这是你的吗？"威严的老夫人终于开口说了一句话，可

是脸色比之前更难看了，因为生气，我看到她手中的佛珠在颤抖。

我低头一看，那丝滑的苏锦上绣着一支梅花，旁边还有一行字，"杨花飞去泪沾臆，杨花飞来意还息，"这正是我的诗，而这个肚兜明明应该在我的厢房里，为何会出现在这里？

"这个肚兜是不是你的？你就老实招了吧，徐地保已经招了。"苏姨娘也在一旁煽风点火起来。

徐地保？我脑袋里开始搜索这个名字，半天才想起来，这是当日接我入府的小厮。难道？难道他们怀疑我跟徐地保？！脑袋里面一片空空。

"不错，这个肚兜是我的，可是我并不认识什么徐地保！"我抓紧否认。

"我劝你还是招了吧，实话告诉你吧，徐地保已经把你们的苟且之事讲得清清楚楚，你的这个肚兜就是从徐地保的房间里面翻出来的，早招了还免受些皮肉之苦。"我抬起头来瞪了紫鹃一眼，我瞬间明白过来，她们在陷害我，而我的贴身丫鬟紫鹃便是帮凶。我清楚地记得紫鹃前些日子把衣服收去洗。紫鹃脸通红一片，或许是忍受不了我的眼光，她不敢直视我的眼睛。

我为这场惊心策划的陷阱感到气愤，更多的是对世间人情冷暖的一种心寒，心里千百句的解释，嘴上却一句也说不出来。

"怎么了，不说话？那就是默认了吧，老夫人，杨媛既然已经默认了，老爷现在在病榻上，我们是不能允许这种不要脸的女人在我们周家继续败坏门风的。老夫人，您觉得呢？"

整个过程中，老夫人都不讲话，只是默默地闭上了眼睛："你们看着处置吧，我累了要去休息了。"说完便由丫鬟扶着下去了。我觉得我的心在哭泣，老夫人你一定要相信我，我是被冤枉的，我整个人瘫坐在地上，额头上的血还在流，我忽然什么都不想解释了，我知道这是一场巨大的阴谋，我百口莫辩。耳朵里全是几个女人要如何处置我的决定，嘤嘤嗡嗡的声音越来越远，我渐渐地失去了知觉，昏迷过去。

等我醒来的时候，我发现自己已经躺在了东厢房的床上，额头上的伤口隐隐作疼，但是已经被略微包扎，旁边是一个行李包，里面是我的几件衣服，旁边的小丫头见我醒来，抓紧去把大奶奶叫来。

还是那个让人觉得厌恶的刺耳声音，小厮轻轻地带上门，整个房屋里面就剩下我和周大奶奶两个人。今日的周奶奶穿得格外的喜庆，头上还别着一朵盛开的牡丹，显得雍容华贵。

"吱，你醒了呀。我跟各位奶奶商量了一下，最后的决定就是滚回你的归家院！不要以为就凭你那三脚猫的狐媚功夫，就想勾引老爷。想跟我斗，门儿都没有！"周大奶奶的脸上闪过一丝冷笑。

"这么说，徐地保是你安排的是吗？"所有的一切我瞬间明白过来，这一切的罪恶都源于周老爷对我的宠爱，嫉妒是每个女人的天性，周夫人也如此。重返归家院，对我来说或许也不是一件什么坏的事情，我很想念徐佛姐和董小宛她们，如果能够离开这个泥淖的相府，对我来说，又何尝不是一个解脱呢。

想到这些，我忽然没有那么气愤了，我看了一眼这个外表雍容华贵的女子，厚厚的脂粉仍然无法掩盖脸上肆意纵横的皱纹，她那张因为愤怒而扭曲的脸，瞬间变得有些可怜。

我冷笑一声，"哈哈哈"，我这么一笑，倒是把周奶奶镇住了，她一愣，"你笑什么？"

"你不觉得你很可怜吗？你化再浓的脂粉也无法掩饰你的衰老，至少我得到过老爷的宠爱，你呢？污蔑终究是污蔑，你才是最可怜的。"说完这些话，我拎起自己的小包袱，拢了拢头上的散发，走出东厢房，我听到背后玻璃碎地的声音，这一切都将与我无关。我的眼泪开始肆意地流出来，五月的花开得艳丽极致，风景还是依旧美丽，只是心境已大不同。从深秋入周家门到现在，还不足一年，从一个唯唯诺诺的小丫头，到现在倔强的女人，时光真的是一把锋利的剑。

经过芜雀楼的时候，脚步还是不自觉地停了下来，毕竟这个藏书楼里面有我很多美好的回忆。有个愿意珍惜我的人，不知芜雀楼上的那副字还在不在，从今之后，我跟周家恩怨相断。想到这些，我顺手把周老爷送我的连心荷包顺手丢在了旁边的湖心池里，然后快步地离开。

朱门还是那座朱门，只是一年的光景，重新刷了一层更加艳丽的朱漆，嵌在朱门上的倒影比来时愈发的瘦弱了。

"九奶奶，等等。"好熟悉的声音，回头一看，是婢女紫鹃。

“九奶奶，我对不起你，我也是被逼无奈，她们拿我的母亲威胁我，我也是迫不得已。”紫鹃扑腾一声跪倒在地，边痛哭边磕头不止。我心里柔软的那一块被触碰到，都是苦命的女子，又何必苦苦纠缠呢。

　　我扶紫鹃起来，“鹃儿，我知道你也有自己的苦衷才这样做。本是可怜人，此番离开周府，你自己还要多保重。”听我这么说，紫鹃哭得更大声了，整个身体靠在我的身上，我轻拍其背。

　　我暗自对自己说：“从今天起，杨媛、朝云皆死，我要做我自己，只为自己活。”看着苍茫的天空，一群大雁飞过，几片白云孤寂地在晴空里游荡，前途一片迷茫，但我更加坚定地知道，我要开出最绚丽的花。

　　从今天开始我的名字叫做杨影怜，孤影繁华落，自是影怜人，一个开始掌握自己人生的女子。

第一章

人间遗恨常难数

第四节　重返归家院

整个 5 月，我都在过一种类似漂泊的生活，我无处可去，从 5 岁开始便生活在归家院，只有徐佛姐和归家院的一众姐妹可以依赖，当人处在逆境的时候，常常会思念至亲的人，我决定回归家院，其实除了那里，我也没有其他的去处了。

6 月的阳光格外地耀眼，也许是天气炎热的缘故，额上的伤口还是隐隐作痛，很难痊愈。归家院倒是格外的热闹，男男女女比一年前多了数倍，门牌也重新粉刷了，高高的大红灯笼挂在楼宇的两侧，灯笼上赫然写着三个字"十间楼"。真是没想到，才短短一年的时间，归家院也有了这么大的变化。

"徐佛姐，我是媛儿啊。"我边喊边往里面走去，忽然看见了董小宛妹妹跟一个书生气息的男子在聊天。

"董小宛妹妹。"我大声疾呼她，看见是我，小宛立刻跑过来，"媛儿姐姐，你怎么回来了，我还以为你再也不回来了呢，你头上的伤口是怎么回事？"边说边把我往怀里搂，不可否认，才一年未见，小宛长得愈发的清秀了，她穿着一件淡蓝色的衣裙，袖口处绣着一朵娇艳的牡丹，皮肤光洁如玉，面似芙蓉眉如柳，胸口开得很低，露出傲人的胸部，举手投足间尽是妩媚，我不禁在心里感叹，好一个绝美的丫头。

"小宛妹妹，一年未见面，你愈发美丽了，见到你好开心。徐佛姐呢？归家院为何改名'十间楼'了呢？究竟发生了什么？"我一口气问了那么多的问题，似乎是要把这一年未说的话全部讲完。

"媛姐姐，别着急。我先带你去见徐佛姐，等下我们详细地告诉你。"小宛拉着我的手往楼上厢房去，忽然想起什么来，转身跑回刚刚那个男子身边，低语了几句，便迅速回来。

"宛妹妹，那个书生公子是谁啊？"

"是一个常来的公子，叫冒辟疆。"说这些的时候，我看到小宛的脸像天边的云霞一样，绯红一片。

"好啦，媛姐姐，我带你去见徐佛姐。"看她害羞的样子，我瞬间明白了几分。重新修葺之后的归家院显得富丽堂皇之极，中央有一个金色的牌匾，镂空处刻着翠玉及碧玺"富贵吉祥"四个大字镶嵌其中，偏方的一头镶嵌着雕琢的花朵。大厅的中央有个女子在唱昆曲，"劝君莫惜金缕衣，劝君惜取少年时。花开堪折直须折，莫待无花空折枝。"唱的正是杜十娘的《金缕衣》，奉劝莫失好时光的拳拳之心，而隐隐透露出的美好爱情更是让我心向往之。

在楼上的厢房里，我见到了许久未见的徐佛，那个待我如女儿一般的女人。她先是吃惊，然后拉着我的手在床边上坐下。

"媛儿，之前听说你给周登道做了小妾，这一年中到底发生了什么？看你面色惨白，额头上还有伤，快点给我们说说到底怎么了？"徐佛姐担心地询问，用手指轻抚我的额头。

我把这一年发生的事情一五一十地告诉她们，从伺候周老夫人到成为周相国的小妾，再到周相国如何宠爱我，说到周大奶奶陷害我的时候，我的眼泪忍不住留下来，像是一个受了委屈的小孩向自己的亲人诉苦。徐佛姐和董小宛也陪着我流眼泪，还一边安慰我。

"人生有时候就是这样，很多已经是命里注定的，本以为让你做个丫鬟，可以改变沦为娼妓的宿命，可没想到，转了一大圈还是回来了。"徐佛叹了口气。

"对了，徐佛姐，为什么归家院会改名叫十间楼呢？"

"说起来也是够心酸的，你刚进周府没多久，官府就增加赋税，赋税上涨到我们无法支付，交不上赋税，所有的人都要被赶到外乡去，我实在是被逼得没有办法，又重操旧业，把这个归家院重新装潢了下，改为十间楼，现在稍微好些了，姑娘们好歹也算是有了归宿。"说起这些，徐佛满脸的愁容，"媛儿，你是要留下来帮我，或者我给你些银两，你离开这个地方？"

听到徐佛说这些，我感动极了。可是我怎么能在归家院困难的时候带着徐佛姐的银两远走他乡呢？

"徐佛姐，现在这种情况下，我不会离开你和归家院的，梁红玉红颜催大敌，须眉有愧，千秋令人赞誉，出身于青楼。薛涛侍酒赋诗、弹唱娱客，不照样万古流芳。况且，我已经失去了童贞，烟花之地同样可以成就一番大事业。从今天开始，我要以柳如是的名字红遍整个吴江。徐佛姐，小宛，你说呢？"徐佛和小宛听完我说完这些，顿时觉得一股豪气冲天，连连点头。

"柳如是，好名字。烟花之地即是章台柳，章台柳，章台柳，昔日青青今在否。不任人攀折，而自逆攀折之人，特立独行而又不失风雅，好姓。"小宛果然聪慧。

"辛弃疾《贺新郎》诗曰'我见青山多妩媚，料青山见我应如是'，妙哉妙哉，谁说青楼无英雄，我徐佛还定要培养一批万古流芳的青楼女英雄。"我、小宛还有徐佛，三个人的手紧紧地握在一起。

接下里的日子，过得很平静，但是却又不失精彩，徐佛果然是个有商业头脑的女人，她打着"故相下堂妾"的名声，果然吸引来了大批人来"十间楼"，十间楼常常会举行各种各样的文人聚会，社会上的商界名流、文人骚客经常汇聚于此，很多人都想来看看传说中惊为天人的"柳如是"，在徐佛姐和周登道的培养之下，一年来我的文学造诣飞速攀升，再加上我翩若惊鸿的舞步，想要成为花魁并不难。徐佛本身就是一个文学造诣极高的女子，肚子里没有些墨水想成为她的座上宾很难，所以十间楼的客人并非是一般的等闲市井之辈，所以我常常能接触一些人中吕布的奇男子，他们常常怀有一腔报国之志，我常常跟他们一起谈天说地，饮酒赋诗，她们说我常常"豪宕自负，有巾帼不让须眉"之论。

我虽为青楼女子，但是我绝不沉迷于为琴曲醇酒所拥抱的世界，我喜欢从他们那里汲取我所未知的营养，这个时候的大明王朝已经陷入了岌岌可危之中，内忧外患下显得格外的风雨飘摇。可是崇祯皇帝却任东厂太监为贤，朝廷内外一片混乱。而我和他们的感情完全超出了一般青楼女子与客人之间的关系。

而这个时候的董小宛却深深地陷入了恋爱之中，我经常会见她自己一个人傻对着一个扇子发呆，我和小宛从小一起长大，她在想什么我一眼便知。

"宛儿，你在干嘛呢？"突然一声吓得董小宛手里的扇子掉在地上，只见散开的扇子上面写着四个字"义薄云天"，从董小宛的神情来看，想必定是那冒公子的墨宝。

　　"没什么。"小宛赶紧把扇子收起来，跟上次一样，脸颊红得像天边的一抹云霞。

　　"宛儿，你跟姐姐说说冒公子的事情吧，看你沉醉其中的样子，姐姐很想知道。快跟我说说吧。"其实那个时候的我，已经十六岁了，心底常常也会有些莫名的情绪在滋生，所以我很理解小宛的感受。

　　"好吧，如是姐姐，我就跟你娓娓道来，只是还是个秘密，姐姐。"

　　还未听便想这是凄美动人的故事，我也开始期盼美好的爱情，就像少女杜丽娘一样，期盼有个人能同我一起探知爱情世界的幽微隐秘，常常会因为等待而变得异常落寞。

第一章
人间遗恨常难裁

第五节　文采与情怀

崇祯五年，董小宛半塘禺遇冒辟疆，小宛对冒公子一见倾心。在小宛的嘴里，我知道这个冒公子也是天下的一个奇男子，是缔结复社的骨干人物，两岁涉四方，十二称文章，束发佟结交，鸿巨竟誉扬。小宛更是爱慕得称其为小王勃，这是极高的赞誉，而此时的小宛也散发出了极高的文学与绘画造诣。小宛画的《彩蝶图》更是让众人惊艳不已。俩人从才情上来说倒也是郎才女貌。

我忽然对小宛口中的这个奇男子产生了极高的兴趣，而冒辟疆又是复社的骨干，跟我的好朋友张溥同属复社。我对复社充满了崇敬之情，他们经常在十间楼聚会，他们抨击时弊、主张改良政治，以文来抒发自己内心的愤懑与不满，复社个个都是豪情壮志的热血男儿，这样一说，我倒对这个冒辟疆另眼相看了。

"宛儿妹妹，我相信你的眼光。想来你喜欢的男子，定是极好的。"看我这么说，董小宛瞬间松了口气，笑意盈盈地继续抚摸她的宝贝扇子，我忽然间很羡慕小宛，心里爱着一个人又何尝不是一种幸福。

不久后的一天，便是崇祯五年的十一月，深秋已有了些凉意，这一天是云间大学士陈继儒的 75 岁寿辰，寿宴在云间的晚香堂举行，江南一带的俊士鸿儒、才媛丽姝济济一堂，而我也被荣幸地列入邀请宾客的名单里，我知道那天肯定有大批的青年才俊去赴宴，小宛打趣道，"姐姐，说不定你的情郎在里面呢，都是些才高气盛的名门望族，要珍惜机会呀。"说完朝我眨了眨忽闪的大眼睛。

"看我不撕烂你的嘴。"说完我竟然也脸红起来。

初七那天，我早早地赶到云间去赴宴，看着镜中的自己，风鬟露鬓、肤如凝脂，我特意装了一件新赶制的碧绿的翠烟衫，腰间用金丝罗装扮了一个大大的蝴蝶结，云鬓上斜插了一朵娇艳的百合花，腮边两缕发丝随风轻抚面颊，眼眸一转动，带着些灵动，举手投足间都是婀娜之美，不错。

装扮满意之后我就来到了晚香堂，晚香堂张灯结彩，就连门口的俩大狮子脖间也系上了两个大红色的绸缎，老寿星的儿子陈生在门口迎接宾客，果然是江南才俊齐聚，我一眼便认出了小宛心仪的冒辟疆公子，冒公子果然眉宇轩昂，不同凡响。

"恭喜陈学士福如东海，寿比南山。"走到门口，我跟陈生作揖问好。

"素闻柳姑娘绝色佳人，今日一见，比传说中还要美十倍。"陈生说起恭维话来。

"不敢当，不敢当。"

没多久，陈老爷穿着一袭红色绸缎新衣出现，红光满面，笑声朗朗，声音铿锵有力，一听便知身体极其硬朗。席间更是觥筹交错间，与其说是寿宴，不如说是一场以文会友的诗会。众才子皆献诗祝寿，或儒雅端庄，或风流倜傥，或稳健睿智。

"素闻，十间楼的如是姑娘舞技无人能及，今日可否为大家展现一下曼妙的舞姿，让吾等俗人见识下？"我抬头一看，说这话的是苏州大学士方继庵，此人自诩君子，看不起青楼女子，可能是今天看到我，终于有了一个可以羞辱我的机会。大家都知道我善诗文，但很少在众人面前起舞，做足了功课要我出丑，可是他没想到的是，在周府的一年，周老爷特意请了一个西域的女子教我舞蹈，再加上本身徐佛培养的舞蹈功底，在众人面前舞一下肯定不成什么问题。

"好吧，那小女子就献丑了。"我款款地走向陈眉公，作揖之后，先是献上了自己的诗作一首，然后便准备起舞。

"等下，我来吹箫为姑娘伴奏。"说这话的是一个面如白玉的男子，眼睛炯炯有神，身材颀长，用貌比潘安来讲，实在也不为过。

我点头致意，当美妙的箫声吹起时，我伴随着丝丝的箫声舞动起来，曲荡人心魂。我若灵若仙，时而抬腕低眉，时而轻舒云手，玉袖生风，行云流水若龙飞凤舞。忽然箫声骤然转急，我以右足为轴，翩若惊鸿地旋转起来，一瞬间宛若仙子下凡。我瞥了一眼众人的目光，皆呆若木鸡，看得如痴如醉。一曲舞罢，众人半天才反应过来，掌声如雷轰鸣。

"妙哉，妙哉，如是姑娘出尘如仙，傲视独立，天女下凡也不过如此，吾等不敢直视，丝丝箫声让人迷醉，三月不知肉味啊，琴瑟和谐，鸾凤和鸣。"陈眉公拍手称赞，倒是刚才的大学士方继庵一言不发。

我表现落落大方，俊逸脱俗，连陈眉公也拍手啧啧称奇，我与吹箫的男子相视一笑。

晚香堂宴会之后，我声名鹊起，大家都知道在陈眉公的宾宴上，一个叫柳如是的奇女子，一舞惊为天人，诗画造诣更是让云间三公子侧目不已。有了这样的名声，十间楼每天都被挤得水泄不通，很多人都是慕名而来，想看看那个翩若惊鸿的女子，还有一些是专门来切磋诗艺的，我常常与他们即席唱酬，和韵步诗，日子过得倒也潇洒自若，只是，心里时常会想起那个在宴会上与我琴瑟和鸣的公子，他是谁呢？

翌日午后，阳光正好，我坐在闺房里面读书，丫鬟凌烟冒冒失失地跑进来，一边跑一边喊"柳姑娘，快出去看看呀，外面来了几个有趣的公子，好生热闹，小宛姐姐也在外面呢。"

"我不去，身子乏得很，想休息一会。"可能是天气变化的原因，身子竟然恹恹的不想动。

"姑娘，去外面看看吧，公子们在作诗，连小宛姐姐都说好，让我拉你去看的。"凌烟依旧不依不饶，说起诗文，我瞬间也有了些兴致，便跟着凌烟出去了，这样的午后，欣赏到好的佳作也是一件极好的事情。

来到大厅，果然见众多衣着华丽的贵公子，小宛依旧在跟他的冒公子聊天，还没走进，便听到小宛说："公子果真异人啊，异人。"丫鬟凌烟听见小宛这么说，不禁附和道："我说小宛姐说了吧，她很少夸奖人的，看来这位公子真是不错。"说着向冒辟疆望去。

"好啦，好啦，你今天是不是很闲，我可没工夫看你评论男人，我乏得很，要回去休息了。"说完便要转身离开。

"姑娘，且慢。"忽然一个熟悉的声音，我回头一看，正是当日为我吹箫伴奏的男子。

"公子，是你。"我的眼里掩饰不住惊喜，"你怎么在这里？"

"自晚香堂一别，姑娘翩若惊鸿的舞技一直深深地印在我的脑海里面，衣袂翩飞，袖舞生风，近日跟诸位兄台一起来拜见如是姑娘。"

或许是缘分吧，我又何尝不想重见公子呢？

"对了，我还不知道公子的名字呢？"

"在下宋辕文，云间人士。"

"原来您就是鼎鼎大名的'云间三公子'之一的宋公子，如是失礼了。"早就听闻宋辕文，博学多才，通晓诗文，尺牍写得极好，没想到还是一个这么俊秀的公子。听他这么一说，我对他的好感瞬间又增加了不少。

"看见姑娘，便诗兴大发，校书婵娟年十六，雨雨风风能痛苦。自然闺阁好铮铮，岂料风尘同碌碌。姑娘觉得如何呢？"宋公子看着我的眼睛，深情地念起诗文来，说实话，还是第一次有人当面写诗给我，还把我塑造成一个铮铮男子汉大丈夫形象，绝不类闺房语。

"公子的诗文果然好造诣，如是真的有那么铮铮豪爽吗？"我忍俊不禁，喜上眉梢。

一整个下午，我们都在一起谈天说地，从唐诗宋词到时政，越聊越投机，时间过得好快，不觉间天色已晚，我和宋公子相约改日一起湖上泛舟，聊以尽兴。

第二章

此生勺君一红尘

梦中本是伤心路，芙蓉泪，樱桃语，满帘花片，
都受人心误。遮莫今宵风雨话，爱他来，来的么，
安排天限钞魂素。

咿将笔，寿麦被，留他天卉，去便随他去，算
来还有多时，人迸也，愁回处。

第一节　白龙潭定情

我想我是喜欢冬天的，有人说秋风萧瑟落叶枯黄，毫无生机的样子让人觉得伤感，可我却独爱冬天的天空，那么高远、通彻，那是其他季节所无法比拟的。

十二月的吴江，有些冷，却还不是那么让人不能忍受，从十间楼一别宋公子，短短半月时光已飞逝，我常常坐在窗前发呆，看见窗外成群结队的鸟儿也会露出莫名的微笑，小宛常常笑话我，说我被鬼迷了心窍。我也不答话，空闲的时候，便把宋公子写给我的那首诗《秋塘曲》泼墨了一番，挂在闺房的一隅边。

明天便是我和宋公子还有一众朋友相约泛舟白龙潭的日子，我忽然有点莫名的小兴奋，十六岁少女的心有些按捺不住的跳跃，我闻到了些许爱情的味道。我在睡梦中梦到我们初次在晚香堂聚会的场景，他吹箫我弹琴，画面有些朦胧而模糊，可是我可以听见俩人欢笑的声音，不远不近。

第二日阳光甚好，我一大早便起来梳妆打扮，特意地挑了件颜色艳丽的衣服，跟自己的心情相称。

在整个云间城中，白龙潭是极好玩耍的地方，花晨月夕，柔波荡漾。扁舟泛月，清冷的湖水不住地拍打着岸堤，或许是时日还早，我和丫鬟凌烟站在画舫的前端，等待诸位公子的到来，还命烟儿备好了上等的龙井，好与公子一品香茗。

其实这些天来，我也听闻了宋公子对我有意的一些传闻，他们都说我们是天造地设的一对，我也是芳心暗许。正当我在画舫里面发呆的时候，忽然听到有人在大声疾呼我的名字，我抓紧命凌烟卷起帘栊。

"如是姑娘，如是姑娘。"顺着声音，我看到宋公子站在岸边，对着画舫大喊。旁边还有很多朋友，宋公子是最年少的一个，站在一群男子间我更觉得其出类拔萃。

"如是姑娘，请你给我一个机会，让我表达对你的倾慕之情。"宋公子在岸边继续喊着，我瞬间有些不好意思起来，当着那么多人的面。虽然心里面充满了幸福感，但是我还是决定要考验他一番。

"烟儿，你过来。"此时的烟儿一脸惊喜地看着岸边发生的一切，我猛然喊她一声，倒吓她一跳。

"小姐，小姐，真的好感动，我还是第一次见到这样的场面呢。"我把烟儿拉过来，在她耳边耳语一番，便把帘栊放下来，坐回到画舫，因为激动，我觉得自己的脸在发烫，身体也因为紧张而微微有些颤抖。

"宋公子，我家小姐说了，如果您对我家小姐有意，可跳进湖水游到我们的画舫上来……"烟儿的话还没说完，就听见扑腾一声响，我再也坐不住了，跑到船头去看，发现宋公子正在水里挣扎，他不会游泳！

"船家，快点掉头，宋公子不会游泳，快点去救他。"我早已不管自己的形象，大喊起来，被吓到花容失色。要知道这可是隆冬季节，潭水虽未结冰，但也是冷彻骨髓，我既生气又心疼，没想到宋公子也有这么痴情的一面。再看宋辕文公子，在湖中衣服浸湿，脸色刹那铁青。

船家费了好大劲才把宋公子从冷水中救起，看来是被白龙潭的水呛得很严重，半天才换上一口气来，整个人不停地发抖，脸色慢慢地就变成了紫红色，嘴里还在呼喊我的名字，我的心跟着一声声呼喊而变得绞疼。本事是一句戏言，哪想会弄成这样，如果宋公子有何差池，我自定不会一个人苟活于世。我抓紧用自己温热的身体，紧紧地把他抱在怀里，好让他可以获取些温暖。

船家抓紧靠岸，找了家客栈，让公子好好休息一番，而我默默地在身旁守候着，期盼他早点清醒过来。过了好久，青紫的唇色终于逐渐恢复正常，他缓缓地睁开了眼睛，抬头看着我，目光中满是柔情，那迷离的流光，滑动的溢彩，看得真想让人一下子扎到里面去。

"如是姑娘，我……"我轻轻地手指放在了他的唇齿边，不知道这样温柔的目光对视了多久，他的手轻抚我的发鬓，我紧紧地贴到他的胸前，缓缓滑落间碰到了我发簪上的那朵牡丹，"好别致，"他轻声一语。

"说我别致，还是发簪别致？"我娇嗔地开起玩笑来。

"让我看看便知。"话语间他把那枚发簪放在了桌子上，我如泻般的黑发瞬间飘落下来，我感觉他唇齿间的温热气息慢慢地向我靠近……

或许是起风了，柔软的帐轻薄无比，风缓缓地吹着纱窗，我的玉足露在风中竟也未有凉意，忽然宋公子的足缠过来，瞬间一阵暖意。

"我只是吴江城的一个女子，你爱我什么？"我眼神有些迷离，或许每个恋爱中的小女子都问过这样痴傻的问题。

"江南垂柳春作花，花飞茫茫白日斜。十二高楼美人立，风里飞花见颜色。珠帘如云面半遮，遥对长条三叹息。你说我爱你什么？"我的脸埋在宋公子的胸脯上，幸福感再次袭来。

"真是傻，寒潭池水，你也跳。"半是怨半是心疼。

"所谓伊人，在水一方。纵使跃入寒潭，试水寻伊人，又有何妨？"

接下来的日子，宋公子待我是极其温柔的，他总是用清澈而明媚的眼神望着我，像一泓太液池之水，而我的影子便缓缓地倒影在里面。他几乎每天都来看我，我们一起泛舟湖上，喝酒作诗，多少个夜晚我们一起度过欢娱的时光，而我像个恋爱的小女子，娇嗔而满是甜蜜。

我每天都在等待宋公子的到来，是夜，气色凉如水。宋公子已经七八夜未来看我，我一人坐在窗前，看着外面如水的夜色，心是极其焦灼的，我惆怅地叹了口气，换过寝衣之后仍然毫无睡意，便信手开始拨弄青玉案上的一把凤梧琴，哀怨的琴声缓缓地响起，整个房间里全是优雅的琴声，只是抚琴之人的心里总觉得像是少了些什么，长长的琴韵如流水般滑落，我不知道为什么我弹的是《怨歌行》，怨歌行怨歌行，我又有什么好抱怨的呢。

随即琴声戛然而止，换了一首轻松点的《山之高》，可是还是无法抑制淡淡的相思之情。

> 山之高，月初小。月之小，何皎皎！我有所思在远道。一日
> 不见兮，我心已悄悄。

我反复地诵吟这首曲子，凌烟只是静静地拿了一盏纱灯伫立在旁边，我默默地唱了许久，有些寂寥，宽大的袖口滑过琴弦，手指间有些微微的痛感，低头一看，指尖已经泛红。

"小姐，你的琴声听着好悲伤，而且反复的只有上阕，没有下阕。"烟儿看我停下来，拿起一件斗篷披到我的身上。

"也许是心情的缘故吧，我喜欢这首词的上阕。"我起身往窗边走去，看到堂前的两株海棠开得正艳，月色惨白如水，在海棠花上折射出闪闪的光，微风轻轻吹起，我飘散的头发随风轻扬，一切不会就这样结束的，我暗暗在心里对自己说。

第二节　宋母阻情丝

或许是受凉的缘故，几日来昏昏沉沉，连脑袋也抬不起来，便让烟儿抓了几服药，放在我每天必喝的养颜汤里。

午后，一人在鱼缸旁喂鱼，景泰蓝的鱼缸，幼童手掌般大小的荷叶，花红柳绿甚是可爱。荷叶下几只小鱼在游动，轻波如碧，红鱼游来游去。

"媛儿。"一听，便知是徐佛姐在喊我。

"徐佛姐，快来看着新进的鱼儿，可爱极了。"我抓紧招呼她。

"媛儿，为了这样一个男人不值得，昨儿个我让小厮们打听去了，你那宋公子既没生病也没出意外，被老夫人生生地关在家里了。想来也是，男人总是靠不住的，你不如早早死了这份心。"我忽然间觉得背后的脊梁一阵寒，像是有根根鱼刺刺在后背上，疼痛难忍。原来宋公子是被母亲软禁在家里了。

"我还听闻了一些，那宋老太太性情古怪，甚至以死相逼，你的宋公子又是一个极其懦弱的人，罢了罢了。"徐佛姐摇了摇头，我的脑袋一片空白，但是至少我知道他是安全的，他没有出现任何的意外。

"徐妈妈，不好了，快来看。"外面声音嘈杂，像是聚集了不少人，我和徐佛姐赶紧快步去看。

还未走到十间房的院外，便看到几个穿着官服的人在贴告示，其中一个人手里拿着一张纸，边贴边喊，"把你们管事的叫出来。"

"我就是。"徐佛姐走到官爷面前，瞬间婀娜起来，声音也变得温柔了些许，我忽然有种不好的预感，或许又是一个不好的消息。

"你就是这十间楼的负责人？"其中一个官爷两眼发光地朝徐佛姐花白的胸口上看去，还顺势摸了一把。徐佛姐不愠不火地继续说道："是啊，到底是什么情况？进来喝喝茶啊。"

"是这样的，我们奉知府大人之命，特地来遣散咱们吴江地区的流妓，上头给了十五天的宽裕时间，如果十五天后你们这帮流妓还在，到时候别怪知府大人把你们都关到大牢里面去。"听完这个消息徐佛姐瞬间一个向后的趔趄，我赶紧上去扶住。

对于十间楼来说，这无疑是一个晴天霹雳，瞬间有几个女孩子哭出声来。十间楼，是徐佛姐的心血，怎么能说散就散了呢？

"嫒儿，你快去找宋公子，说不定还有救。"我忽然反应过来，是啊，以宋家的名声与地位，若宋公子此时肯出手相助，我等定能相安无事。想到这些，我赶紧往宋公子的家奔去，我知道那里就是有刀山火海我也要去闯一闯，不仅是为我自己，更是为了整个十间楼。此刻我要去见的这个人，不仅是我的至爱，更是可以改变我命运的人。

"小姐，你等等我，我陪你一起去。"烟儿在后面穷追不舍。

宋府，紧闭的大门，不知怎地，天气竟然下起了大雨，朱门紧闭，我一边敲一边大喊，"放我进去，让我见到宋公子。"泪水跟雨水混在一起，连同整个心一起在哭泣。

"小姐，你别这样，我们回去吧。"烟儿在旁边哭得说不出话来，一边拉我一边帮我敲门。

"宋公子，宋公子……"之前所有的美好场景在我脑海里面掠过，我不相信，那个曾经视我为宝贝的男子，竟然这么狠心。不知道我哭喊了多久，忽然那扇紧闭的门开了一道缝隙，心跟着一紧，我就知道，他不会那么狠心的。我一把跑上前去，一把抱住，甚至都未看清楚来人的脸。

"我知道你不会丢下我不管我的，我知道的，知道的。"我哆哆嗦嗦地抱着他，他手里擎着的雨伞瞬间把我遮挡起来，冰凉的雨水不再直接砸在脸上，我瞬间觉得温暖极了，好想这样紧紧地抱着他。

"姑娘，在下陈子龙……"我赶紧放开他，心里又羞又气，"怎么不是宋公子，宋公子在哪里？"我怒视着他，眼睛里像是有一团火喷出来，好像是他把宋公子藏了起来。

"姑娘，我是宋公子的好朋友，陈子龙，今日来宋家作客，巧遇姑娘，这位姑娘看着好生眼熟，难道是晚香堂盛宴上一舞惊人的柳如是，柳姑娘？"他似乎像是发现了什么，只是此刻的我脑袋极其不清楚，我只想见到宋公子。

"我要见宋公子，我要见宋公子……"

"好吧，如是姑娘，这件事情我来帮你斡旋，明日午时三刻白龙潭，我一定让宋辕文出现在你面前。"我泪眼看着他，他朝我点点头，顺手把伞递给我，转身消失在风雨中。

或许这个男人真的可以帮我，是不是明日我真的可以见到宋公子了，一切都会好起来的。

"小姐，我们回去吧。"烟儿扶着我颤颤巍巍地朝十间楼的方向走去，此时的十间楼一片死寂，少了往日的灯红酒绿，只有大红灯笼还在高挂着，与往日的热闹形成了鲜明的对比。

徐佛坐在大厅的中央，低头若有所思。

"媛儿，你怎么了，怎么弄得这么凄惨，是淋雨了吗？"徐佛一把把我拉进怀里。

"徐妈妈，小姐这次可算是吃尽苦头了，我和小姐一直在宋府的门外，可是大门一直紧闭，任凭小姐怎么呼喊宋公子都不肯出来，雨又那么大，小姐都淋湿了。还好，后来出来了一位陈公子，给了小姐一把伞，还说明天一定让小姐见到宋公子。"一见到徐佛，烟儿就喋喋不休起来，好像是要把所有的苦水一下子倾倒出来。

"我可怜的媛儿，"徐佛轻抚我的头发，眼泪一颗颗掉下来，"受苦了，"我们三个人抱头痛哭起来，好像是要把这几天的委屈一股脑儿哭出来。从周府出来之后，十间楼就是我的家了，而那更是徐佛半生的心血。

"徐佛姐，我明天一定要见到宋公子，一切都会好起来的。"我安慰徐佛，"陈公子说会帮我的。"

"哪个陈公子？"徐佛询问道。

"他说他叫陈子龙。"

"陈子龙？原来是他，他也是一个才华横溢的男子，跟你的宋公子还有云间的李雯李公子并称"云间三公子"，他跟宋家是世交，有了他的帮助，事情可能会容易很多。好了，媛儿，天气也不早了，早点休息，免得感冒。"

　　我期盼第二天的来临，第二天我就可以见到宋公子了，那个我爱的男子。一整个夜晚，我都无法入睡，想着"逐妓令"，想着这几天发生的一切，如一场噩梦般，我只等待天明的时候，噩梦醒来，宋公子能够拯救我于水火之中。

　　第二日天刚亮，我就开始梳洗打扮，十几日未见，思念之情溢于言表，我知道这是最后的一次机会，我带了倭刀一口，还命人早早地在白龙潭上定了画舫一艘，我还是穿了当日在白龙潭上与宋公子定情的那一件艳丽的衣裳，只是心情却大相径庭，同样的地点，同样的人，只是一切早已物是人非，想来就叫人心寒。

第三节　斩琴断恩义

风乍起，寒风吹到人脸上簌簌如雨，船停靠在白龙潭的岸边，我坐在船舫上静候宋公子的到来，此刻眼前的景物更加萧瑟了，周围一派荒凉，深冬的水冰凉，一抹便凉到人心里。

微风吹拂着我的长发，任凭冷风吹动着衣裳，风吹的裙摆一阵高一阵低，一只黄莺在船头高叫，划破了湖面的沉寂，我信手弹起那把凤梧琴来，指尖一滑，琴声倾泻而来。

新裂齐纨素，鲜洁如霜雪。

裁为合欢扇，团团似明月。

出入君怀袖，动摇微风发。

常恐秋节至，凉风夺炎热。

弃捐箧笥中，恩情中道绝。

怨歌行，怨歌行，未成曲调先有情。我感觉到他来了，就在我的身后，熟悉的味道就像浮在甘草中一样，我觉得自己的心跳加速起来，手指定在了琴上，还是抚琴的动作，他不出声，我也定在那里，俩人就这么僵持着。

"你还要这样坐多久啊？"还是他先开了口，我还是未转身，然后听见他脚步声踩在船舫木板上的声音，吱吱嘎嘎，他越走越近，猜得果然没错，他来了，我的嘴角扬起了一丝淡淡的微笑，随即把这抹微笑收回。

转过身，明眸秋水般，还在半尺之外，只见他已经张开了拥抱的双臂，我双足一挪动整个扑入他的怀里，"宋郎……"我伏在他的胸口上，听着他刚劲有力的心跳。

第二章　此生与君一红鸾

035

"柳儿，你这样，怎叫我放心得下？怨歌行，你在埋怨什么呢？"他的手轻轻地抚摸着我的肩头，我忽然像是想起了什么，一下子抬起头来看他，"宋郎，这半月你为何不来看我？你不知我每天在想你。"

忽然，宋郎像是想起了什么，整个脸色变得暗淡起来，紧抱的双手也瞬间松开。

"柳儿，你听我说，事情并不是你想象的那样，母亲大人知道了我们的事情，把我软禁起来，还让我们分开，孝字为先，这几日，我一直在思量。"宋公子诺诺地说。

"你愿意跟我在一起吗？难道仅仅因为我的身份，你就要听从你母亲的话，而放弃我们之间的感情？你快告诉我，不是这样的。"我声音极大，甚至有些疯狂。

"柳儿，你不知道，我的母亲已经年近花甲了，为了我们的事情还要操心，我实在……我告诉母亲了，你并非那种爱慕虚荣的女子，可是任凭我怎么劝说，都没有办法，我也很无奈啊，柳儿，你一定要谅解我。"我忽然不知道该跟他说些什么，我的心瞬间凉了半截，如果我告诉他"逐妓令"的事情，他会是什么反应？

"昨天我去你府上，叫了半天你也不出来见我，这是为何？难道你这么不想见我？要不是遇到陈公子，我到现在也见不到你！你知道知府大人的'逐妓令'吗？十间楼要解散了，我也不知道去哪里？你……宋郎，你愿意娶我吗？"我的脸绯红一片，像是喝了几斤醇香的酒。

"这……母亲大人恐怕不会同意的。我……我……"宋郎结结巴巴说不下去，我瞬间怒火中烧起来。

"那你说，到底要怎么办！"我忽然对眼前这个男子充满了鄙夷之情。

"且避之吧。"他不敢看我的眼睛。我的眼睛瞬间失去了光芒，我拿出倭刀，宋辕文大喊一声，"你要做什么？"便开始往后退，看着他因恐惧而扭曲的脸，我不禁冷笑起来，好一个贪生怕死的男子。

我举起倭刀，一下砍在那把凤梧琴上，七根琴弦瞬间俱断，那宋辕文早已吓得瘫坐在地上。

"本以为，我爱了一个值得我托付终生的人，没想到是这样一个毫无主见的唯诺男子！本以为你会为我扭转乾坤，确是这样的结果！就当我柳如是瞎了眼睛，你我从此就像这琴刀一般，恩断义绝，老死不相往来。"说完这些，我长长地嘘了一口气，像是要把这几日积压在胸口的怨气与怒气全部发泄出来。

听完我说这些，宋辕文意味深长地看了我一眼，然后转身头也不回地走了，我的心像是丢了什么东西，在他转身的那一刻，所有的一切转眼化为乌有。

"俦匹不可任，良晤常游移。谁能见幽隐，之子何来迟？"眼泪瞬间流下来，我就是这样的女子，在爱人面前永远一副倔强的模样，等到所有的一切都消失不见，爱人也消失的时候，才柔弱起来，那又有什么意义呢。

"柳姑娘……"我抬起头来一看，泪眼朦胧，正是那位陈子龙陈公子。

"柳姑娘，你不要担心，你的事情我知道了，我会尽力帮助你的，像你这样的奇女子，应该是整个吴江的瑰宝。"我开始感叹，世界真的很奇妙，在我出现困难，窘态毕现的时候，这个陈公子就像一个活佛般，为我抵挡了一切的困难险阻。

"陈公子……"抬起头，看见的是他明媚的微笑，像是在乌云里突然折射出丝丝阳光。

十间楼，很多同病相怜的姐妹开始为自己的去处想办法，徐佛说要去老家松江看看，能否重新把十间楼开起来，很多姐妹都愿意陪同她去看看，都是些无依无靠的可怜女子。

"媛儿，你呢？"徐佛姐关切地问。

"我跟大家一起，去松江吧。这里也没有什么值得我留恋的人和事了。"想起宋公子，心口一阵绞痛。

"也罢，陈公子的老家也在松江，这样也好对我们有些照应。"我的脸瞬间绯红起来。

在十间楼最后半月，过得也算安静，陈公子的诗写得极好，跟他在一起，赋诗饮酒，那些日子，陈子龙一次次地带着朋友来看我，看我的诗，听我细述平生，我端着一个酒杯，肆意地微笑，我知道这些源于被宠溺。

一个阳光微照的午后，身体微恙，我靠在躺椅上，微微印了一口"梨

第二章
此生与君一红尘

花白"，脑袋有种昏昏沉沉的感觉，忽然，门环声想起，叩门声清脆，我命烟儿开门，原来是陈公子带着一个李氏公子来看我，我赶紧从躺椅上坐起来。

"陈公子，我近来身体拖恙，乏得很。"

"巧得很，我和李公子也是，身体微微有些不适，我们三个也算是同病相怜了。今儿个不饮酒，饮茶。"陈公子带来了上好的西湖龙井，三个人兴致勃勃地品起茶来，寒风徐徐，却带来了些温暖，很多个午后，我们就这样一起度过。

松江，春天就要到来，我们也慢慢在松江扎下根来，徐佛姐重操旧业，开了一个叫做"花满楼"的别院，我和姐妹们也慢慢习惯了这里的生活，陈公子因为我的事情错过了进京赶考的时间，我愧疚不已，只是我们之间还是仅限于发乎情止乎礼的地步。

我常常穿着男子的衣服，与众多朋友一起泛舟湖上，碧波荡漾的日子，惬意而温暖，我慢慢地忘记了那个曾经让我痛彻心扉的男子，新的世界新的生活，一切都是新的。

第四节　小红楼的甜蜜往事

很多日不见陈公子，我决定去他府上拜访，于是我着男子服饰，带着丫鬟烟儿去府上，陈府位于松江城的最北段。

小厮去通报后，我坐在大厅里静候陈公子的到来，只是没想到的是，来者竟是陈公子的夫人张氏，我瞬间觉得尴尬不已。

"夫人，你好，在下柳儒士，是陈公子的朋友，今日特来府上拜访。"虽然尴尬，礼数还是不能少。之间这位陈夫人盯着我上下左右的看，看得我好生不自在，难道她发现了我的秘密？

"好生英俊的小伙子，子龙在午休，可能无法见你了，不如领些赏钱，改日再来吧。"张氏一脸的冷漠，眉宇间透露出一股高傲，说完这些微微用手撩了下发髻。我气愤不已，我难道看起来像是来领赏钱的下人？看看自己的绸缎，哪里都不像是要饭的小厮，这分明是在侮辱人。

我忍不住反唇相讥，"我这苏缎在夫人眼中都是垃圾的话，那您看看你自己该去做门童小厮了，烟儿，我们走。"说完，我便扬长而去，我明显地感觉到她毒辣的眼神，里面掺杂着妒忌，女人的直觉，有时候就是这么灵验，毫无疑问，她知道我是谁，更知道我女扮男装的秘密。

几日后，陈公子来花满楼看我，我不愿意搭理他，去他家所受的怨气好像全部放在了他的身上。

"听说前几日你去我府上了，我夫人见了你，她没有说些什么吧。"

"没有，夫人高贵贤淑，还发了赏钱给我呢，能娶到这样的女子，陈公子真是八辈子修来的福气。"说这些的时候，语气里面全是酸溜溜醋意，连我自己都能感觉出来。

"我代夫人向你赔罪，那日我乏得很，也不知怎的，小厮把你去的消息通报给了夫人，我也是昨天才知道的。"说完，还向我作揖，我瞬间被逗乐了。

待几日后，我重读陈思王的《洛神赋》时，曹植在洛水上追赶宓妃的画面又来到了我的眼前，我大笔一挥一蹴而就写下了《男洛神赋》，子龙不就是我要寻找的洛神吗？此刻的我情思如潮，才思泉涌，将郁结在心中的思求和苦闷尽情吐出。

友人感神沧溟，役思妍丽 称以辨服群智，约术芳鉴，非止过于所为，盖虑求其至者也。偶来寒淑，苍茫微堕，出水窈然，殆将惑其流逸，会其妙散。因思古人征端于虚无空洞者，未必有若斯之真也。引属其事。渝失者或非矣。况重其请，遂为之赋。

没过几日，子龙的好友李公子居然来到花满楼，说要给我说媒，我还是吃惊不小，又惊又羞，我瞬间不知道该说些什么。

"柳弟，我替子龙兄来给你说媒来了。"人这一生大概没有比此刻更幸福的了吧，我爱那个男子，而那个男子也爱我，人生得一知己足矣。我是有志不为妻妾的，可是为了我爱的男子，这又有什么区别呢。

"只是，李兄，我有一事很不理解，我跟子龙相识也算久了，为什么现在才来说这个，之前他对我一直不温不火的，我还以为他没有这样的意思？"说着说着，我竟然有些委屈了。

"柳弟，这你就不知了吧，子龙心中早已属意于你，可是之前一直忙着乡试的事情，怕早告诉你了，到时候赴京去赶考了，留你一人也不好，而现在错过了乡试的时间，也没有什么其他的事情横亘在你们面前，这才要把倾心于你的事情表白出来，这完全是为了你着想啊。"

听了李兄的这些话，我瞬间感慨不已，有多少男子想得到我，只是为了图一时的欢娱，而子龙却是真心在为我考虑，这样的男子我有什么理由拒绝呢？

"柳弟，你豪爽的性格哪里去了，这样的男子怎么能够拒绝呢，这样吧，我暂且把我南都的小红楼借给你们暂住，等到大夫人同意了，你们再搬到府上去住，你觉得如何？"李兄的一席话说得我感动不已。

"李兄，你对我跟子龙的恩德，我终生难忘，请接受我一拜。"说完，便朝李兄拜下去。

"柳弟切莫这样客气，子龙兄豪气冲天，充满大义，你又是女中豪杰，我真心地为你们感到开心。"

小红楼内，我与子龙缠绵悱恻，他的声音温柔至极，"我第一次见你，就被你莞尔的一笑征服了，我一见难忘。"他轻轻地拨开我的手心，把自己宽大的手掌和我的放在一起，眼神里全是温柔。

在距离我们不远处有个铜镜，铜镜的上方雕刻着精细的龙凤呈祥的图案，背部雕的是张生与莺莺举案齐眉的生活场景，温馨而丰满，而铜镜中照影的是我俩含情相对的场景，盈盈一水间，默默不得语。

"柳子，你的眉毛淡了。"他顺手拿起案台上的一支螺子黛。

"相公，你是要为我画眉吗？"看着他温柔的眼神，幸福感与惊喜感将我淹没。我看着子龙，他的深情是极其专注的，嘴角有些微微的笑意，像是在做一件极其重要的事情，不多时，两个眉毛已经画好，我看着镜中的自己，一双青黛眉，与我之前常画的柳叶眉别具差异，但是却又有些特殊的风韵，青黛点眉眉细长。

我的眉形天生的细长，柳叶眉是我常画的，今儿个没想到子龙别出心裁地画出青黛眉，心中竟也美到飘飘然，便顺手拿起一枚红色的宝石钿，放在眉心的中央，在黑黛的映衬下，更觉得美不胜收。

"相公，你画眉的手法如此娴熟，是不是经常给人画眉呀？"我撒起娇来。

"胡说，你是第一个。"说完便印在我额头上一个浅浅的吻。

就这样，我和子龙一起生活在小红楼，我甚至开始准备去做子龙的新夫人，可命运偏偏如此。

子龙的原配夫人张氏，我是知道的，之前去陈府的时候就领教过她的厉害，说话尖酸刻薄，但在陈家还是极有地位的，没过多久，我和子龙同居小红楼的消息便传到了她的耳朵里。

不觉间天气炎热起来，知了也按捺不住地鸣叫起来，叫得人心生厌烦。

而此时的子龙经常欲言又止，看着我发呆，一言不发，我知道他的心里也是极其痛苦的。而此时，第二年的科举考试开始了，子龙决定赴京赶考，

第二章 此生与君一红颜

我是极其赞同的,上一次为了我的事情,子龙错过了考试的时间,而这一次,无论如何也不能再错过。

花红柳绿的时节,我和子龙在游船上告别。

"此去,你一定要好生保重,考个状元回来,我还要做状元夫人呢。"假意的微笑,眼睛里面却微微含着些泪水。

"柳儿,你一定要等我。"我紧紧地偎依在他怀中,他给我描述着属于我们自己的未来。下科高中,皇上明鉴,给他一个展才重任,他将带我去赴任。为清明吏治,休养百姓,或策马疆场,为大明中兴一展才华,赤胆忠心酬答主上,这一切是那么的美好。

子龙赴京赶考的那一天,天气微微地下了些小雨,由于张氏等人要送他出城,我也不好出面,只是默默地在不远处看着他,眼睛是那样的悲伤,我看着子龙跟身边的人一一告别,而我却不能名正言顺地站在那里,只能远远地观望着,杜鹃泣血猿哀鸣。

第五节　杀机乍现

子龙走后的很长一段时间，我常常一个人在小红楼里面黯然伤神。

看着熟悉的一切，想起我俩相亲相爱的时光，眼泪就会簌簌地落下来。子龙走后，身体愈发的不好了，常常要喝些安神的汤，才能睡去，梦中全是张氏那张狰狞的脸，本以为子龙走后，事情会渐渐平息下来，没想到这只是一场战争的开始。

"小姐，安神汤来了。"烟儿端过药来放在我面前。

我微微地喝了一口，嘴角竟然喝出了一股酸酸的味道，接连几天都是这样。

"烟儿，汤里又添加了些什么吗？怎么味道变酸了？"我询问道。

"没有啊，这个安神汤跟之前材料相差无几，小姐，有什么不妥吗？这汤还真是管用，几日来，小姐每天下午都能睡上五六个时辰。"我背后忽然一凉，安神药只是安神的，根本就没有催眠的作用，这药……我一步步地走向里面的厢房坐下，桌布上的龙凤呈祥因为我用力一抓而变得面目全非，手指关节发出簌簌的声响。

"小姐，是有什么不对……"烟儿疑惑的表情下似乎想出点什么来，"小姐莫着急，我马上去请汪郎中来。汪郎中学识渊博，我的安神汤便是他开的药方，而他与徐佛姐又是故交，花满楼的姑娘有什么头疼脑热都是找他，所以我是极其信得过的。

"烟儿，就说多去开些药方来，切勿打草惊蛇。"我叮嘱道。

汪郎中终于来了，我赶紧拿药给他，看看有无任何异常。只见汪先生掏出一根银针来，轻声对我说，"丫头，你来看，如果这根银针变成黑色的话，就证明里面有毒。"

"先生，您试下吧。"我心里面忐忑不安，不知道究竟这药里面有没有问题，还是近日来自己疑神疑鬼多了。

只见汪先生缓缓地把银针放到汤药里面，慢慢地旋转，不多会儿拿出来一看，银针有些微微灰色，我的心咯噔一声。

"媛儿，果真掺了些东西，我帮你把把脉。"还真是看得起我柳如是，居然用这么阴毒的手段来对付我，我倒要看看到底是谁！

"好在才服了几日，没什么大碍，只是嗜睡而已，但是常年服用的话，不出半年就会困倦到神志不清，形同痴呆，还好发现得及时，用药的人每日剂量很小，不仔细观察基本上看不出来，这分明是要致媛儿你于死地。"汪先生气愤不已。

我前思后想，实在是想不出是谁用这么狠毒的手段来对我，我素来也无任何仇敌，为人谦和，难道是？我心中豁然有些明了了。

"烟儿，当务之急是要查出谁究竟在我药里面下了毒。小红楼的侍女和小厮加起来也不过十人，一定要慢慢排查出来。"

"好的，小姐，你放心，明天的安神汤我一定盯紧，看看究竟是谁要致小姐于死地。"烟儿把汪先生送出去，我瞬间瘫坐在椅子上，自己竟然与死亡那么近，那种惊恐我觉得有些熟悉，好像当年在周相国的府上，被人冤枉与小厮私通，有些相近却又完全不同，这次我要反击，我不可以任自己的生命掌握在别人的手中。

第二日，又到了喝安神汤的时间，烟儿把安神汤端我面前，我低头不禁眉头一蹙，还是有股淡淡的酸味，"还是被人下了药了。"然后起身把药倒在旁边的金钱树下。

"不可能啊，小姐，这碗药我从放到药壶里面就开始一直盯着，中间一直没有离开过，我敢保证，中途不可能被人下药的。"烟儿极力地辩解道。

"中途没有被下药，那之前呢？"我拿起药壶仔细观察起来，当鼻尖接触到壶盖的时候，我瞬间明白过来，原来是这里，我恍然大悟。

"烟儿，这个药壶有问题，从现在开始你仔细盯着。"我走到烟儿身边，轻声叮嘱。

是夜如水，我望着窗外的一轮明月，庭院里的石榴树开花了，微风一吹，便伴随着一股淡淡的花香袭来，我闭上眼睛，背上一阵寒意，是谁做了这件事，心里早已有了五分的知晓。我在黑夜中毫无睡意，保持着野兽一般的警觉，不经意间，甚至连空气中都有一股血腥味。

"小姐，睡了吗？小厮们抓到人了。"是烟儿的声音，我披了件斗篷，果然跟我所料无几。

"柳姑娘饶命，柳姑娘饶命……"这小厮正是子龙从家里带来的小厮王毅，此刻的他，跪在地上拼命求饶，他是在往我的药壶上做手脚的时候，被其他小厮抓了个现形。

"原来是你。说吧，是谁指使你来的。"我的眼睛里面露出一道寒光。而这王毅只是一个劲儿的磕头，并没有要说出真相的样子。

"不说是吧，烟儿，你去端壶热水来，要滚烫滚烫的那种。"我故意把"滚烫滚烫"四个字说得格外的重。

"是，小姐。"烟儿心领神会。

当整个滚烫的热水出现在王毅面前的时候，他整个人吓得哆哆嗦嗦起来。

"你是说实话呢，还是要帮我试下这个水的温度呢，这时辰，我也该洗洗睡了，快让王毅来帮我试试吧。"说着就做出一副要把热水倒在他脑袋上的样子。

"不要，不要，我说，我说。"他大哭起来，好个没出息的东西，"是陈子龙的夫人张氏指使我的！"

果然跟我料想的一样，没想到子龙的夫人竟然是这样的蛇蝎毒妇，还出身于名门世家，真是有辱门风，本来对她略有的尊敬之心也荡然无存。

"小的本是陈府的一名小厮，夫人知道老爷赴京赶考的消息后，就怂恿老爷带我过来，名义上是派过来保护小姐的，实则是要我监督你跟老爷，老爷前脚刚走，夫人后脚便指使我往你的药壶里下毒，药是张夫人给我的，跟我没有半点关系，我承认我是收了张夫人的重金，可我真的并没有要害夫人的心……求夫人一定要放过我，不要抓我去见官，我上有老下有小……"王毅鼻涕一把泪一把地哭起来。

"好了，如果你愿意以后为我做事，我绝不抓你去见官。否则，你就等着吃官司吧。"说完便让其他几个小厮把他带到柴房去。

"烟儿，这几天你帮我去查下子龙的夫人张氏到底是什么身份，她究竟要怎样？"想起横亘在我和子龙之间的这些重重问题，我顿时觉得烦躁不已，本是相爱的两个人，怎奈命途多舛。我忽然想起了之前宋辕文的母亲，我不寒而栗地打了个冷战，难道在小红楼的甜蜜岁月，也仅仅是南柯一梦吗？

念子久无际，兼时离思侵。

不自诉愁量，何期得瀹心？

要语临歧发，行波托体沉。

从今互为意，结想自然深。

脑袋里出现一些诗句，挥笔写下来。

整个夜晚我彻夜难眠，接连的失眠与惊悚感让我的精神处在极度崩溃的边缘，我倚在木榻上，乌鸦嘎嘎地飞过，带着些阴冷，乌黑的半空里像是滴入清水中的墨汁，一颗明亮的星星在远方，发出微弱的光。子龙，你在哪里？也不知道你在京城的日子怎样，我们之前幻想的功成名就，娶我入门能够实现吗？面对这样的劲敌，我该怎么办呢？我有太多的疑问了。

不觉迷糊间，忽然听见有人喊我的名字："柳如是，柳如是……"

披头散发的一个人朝我的床边走来，面目狰狞凶神恶煞，旁边的蜡烛被阴风"噗"的一下子吹灭了。

"谁？"我的汗噜噜地往下流。

"我要杀了你，子龙是我的！"阴风一吹，女人的头发被风吹起来，我隐约间看清了女子的相貌，是张氏！

她一步一步向我逼近，双手忽地掐在我的脖子上，我整个人喘不过气来，奋力挣扎，"救命救命啊……"我觉得自己要死了。

"小姐，小姐，你怎么了？"慌乱间有人推了我一把，我像是从地狱中走出来一般，浑身颤抖不已，额头上豆大的汗珠不停地滚下。手臂上一对银镯撞得叮当响，这证明我还活在这个世界上。

"没事，梦魇而已……"烟儿赶紧开始收拾满屋的狼藉，我把自己蜷缩在一角。

第六节　张氏大闹小红楼，如是黯然退身

从下毒事件之后，我整个人安静了不少，很少再出去游玩喝酒，门厅也自然冷落了不少，我常常躲在小红楼里面，一个人闷闷不语。

天气渐渐地炎热起来，白天的晨光愈发地长了，午后闷热不已，日头毒辣辣的，好像要把人烤熟，倒影在明晃晃的大理石上，显得格外的焦热。整个小红楼终日大门紧锁，好像是要把所有的炎热都挡在门外，前几日徐佛姐送来的冰雕也慢慢融化了，冰水打在地板上，发出断断续续的声响。

我躺在青竹凉席上假寐，炎热让我烦躁不安，翻来覆去睡不着让我觉得烦闷极致，左右几个翻身便已汗津津，头发一缕缕地贴在前额上，汗珠滴滴答答地往外渗。半阖上眼，又听到外面一波接一波的蝉鸣，睡意全无，索性起来喝碗绿豆汤好解暑。

"小姐，在吗？"烟儿轻叩门环。

"嗯，怎么了？进来吧。"我知道要是没有什么重要的事情，烟儿是不会打扰我午休时间的。

"小姐，我已经派人打听清楚了陈公子的结发妻子张氏的事情。"

"快与我详细道来。"说起这个，我倒来了兴致，我很想知道那个要致我于死地的女子，究竟是怎样的一个人。

"张氏，本名叫张孺人，是河间巡抚张佩伦的长女，十五岁的时候被许配给陈公子，这个张氏从进陈家的大门之后，就深得人心。陈公子的弟弟妹妹办喜事都是这个张氏一手安排的，还深得陈公子祖母信任，所以她在陈家是有一定的地位和影响力的。"烟儿缓缓道来。

"果真是一个不凡的女子。"我不禁在心里感叹起来。

"可是，小姐，据探子说，这个张氏从嫁入陈家，到现在已十年有余，

还未曾生育……"

"对了，那个王毅怎样了？信得过吗？"我忽然想起他来。

"放心吧，小姐，他现在就怕您送他去见官府，老实得很，还主动要做我们的探子，从陈府帮我们搜集信息。"烟儿的脸上露出些微笑。

"嗯，这就好，但是还是要小心行事，切勿让张氏再惹出些什么乱子来。"子龙现在不在，万一再出什么乱子，到时候整个松江城都知道了，岂不是要贻人口实。

忽然听见门外一阵急促的敲门声，"小姐，王毅的飞鸽传书。"

"这小子还真可以，这么快就把消息带来了，小姐，我们去看看吧。"只见小厮手里面拿着一只白鸽，从鸽子上解下一个圆形的木管递给我。

看了半天后，我后背不禁一阵发凉，信上说张氏已获子龙祖母的首肯，正在给子龙安排纳妾的事情，这消息如同五雷轰顶，就像一股电流，瞬间击到了我的全身，我的手捂住自己的胸口，拼命地想让自己的心平静下来。

忽然外面传来一阵骚动，管家小厮气喘吁吁地跑过来，大喊："小姐，不好了，陈夫人带着一帮子人来小红楼了。"来得正是时候，我倒要看看她想怎样。

"走，烟儿，我们去拜见下陈夫人。"我倒是不惧怕这个陈夫人，只是有些惧怕她无端制造些什么事情来，让子龙的名誉受损。

还未走到小红楼的大门，便看到张氏带着一帮人在那里，张氏倒是打扮得很是艳丽，跟之前的青衣素裹相差很大。身后还带来了十几个男男女女，再加上一些好事者，整个院子瞬间被填得满满当当。

"柳姑娘，别来无恙啊。"张氏冷冷地跟我打招呼，脸上还是带着微微的骄傲，这大概就是她平时对人惯用的表情吧，当这张脸面对子龙的时候，又是怎样的婉转起承。

"陈夫人，好。"我缓缓地向她作揖，她毕竟是子龙的结发妻子，"不知今日带这么多人大驾小红楼有何事？"

"哼，你会不知，你不知用了什么狐媚功夫，让我家老爷夜夜不归。"陈夫人还未说话，旁边的爪牙就叫嚣起来。

"我与陈公子情投意合，何罪之有？"我忽然间有点愤慨，加上忽然想起上次的投毒案来，我感觉到了赤裸裸的欺负与羞辱。

"杜鹃，你先下去，我跟柳姑娘说话，什么时候轮到你这等身份不明人了？我如果没记错的话，柳姑娘之前也是因为流妓的身份才逃到松江府避难的吧。"说完，带着不明深意的微笑轻轻地瞥了我一眼。这分明是在指桑骂槐，什么叫身份不明的人？

"我来松江完全是接受了子龙的邀请，想来这个子龙也没告诉你吧。我虽然是花满楼的人，可我自问做人光明磊落，不像有些人，净做些上不得台面的事情，月黑夜风高的时候投个毒啊下个药的。"我反唇相讥，好比针尖对麦芒。说这些话时我看到张氏的面孔一阵红一阵白，瞬间有些恼羞成怒。

"今儿个我是奉了我家老太太高安人之命，前来告诫你的，不要再试图打子龙的主意，我们就是死也不会同意你进陈家的门，所以，你倒不如死了这条心，赶紧滚回你的花满楼，或者再去选个什么怡红院，最好能把自己的身价再抬高一些，那是最好不过的了。"说完长吁一口气，好像已经完成了一件重大的事情。

"我要是不呢？你能拿我怎么样？"

"我是不能拿你怎么样，你这小红楼估计也住不了几天了，我去问了下李公子，他说这个小红楼他要收回去了，不能再借给你住了，子龙这边，老太太高安人已经帮子龙物色了三个小妾，个个都是绝色美女，相貌才学也不比你柳如是差到哪里去，所以，你倒不如早死了这份心。"

我已经被气到嘴唇发抖，这招真够绝的，一下子物色了三个女人。

"我的事情呢，就不劳烦陈夫人你费心了，烟儿送客。"说完，我便转身要离去，我觉得自己无法再忍受这样的羞辱。

"好，那柳姑娘的事情，我就不费心了，如果你真的爱子龙，请为你也为子龙考虑下，希望不要让子龙为了你做个'违背慈命，忤逆不孝'的人。"

我的心里一惊，"违背慈命，忤逆不孝"八个字向我的脑袋砸过来，我不禁打了个冷战。

我明白不肖子孙的严重后果，这就意味着子龙仕途无望，如果张氏再打着高安人的旗号继续寻衅滋事，那么这项丑闻如果这么继续下去，很快就会传遍松江镇上下，甚至会传到京都，影响到子龙的科考，子龙会成为人们

第二章

此生与君一红豆

049

口中的不肖子孙，遭受千万人的唾骂，而这更会成为一个口实，反对者会在这个事情上大做文章，所有的抱负都将成为泡影。

我浑身战栗不已，汗水已经把衣服湿透，不可否认，我不想连累到子龙，如果这次他还未中第，得不到重用，那么他会怎样呢？满腔的抱负得不到施展，郁郁不得志，满腹经纶只能像陈丝样腐蚀，不管他如何思求报国，如何对衰败的国势忧心如焚，都没有办法实现，那时的我们即使在一起又能幸福吗？

再想起张氏那张冷漠的面孔，我要日日与她为敌，终日活在刀光剑影里，不！我不要过这样的生活。

此刻，或许离开才是最好的解决方法。

第三章

以胶投漆中，谁能别离此

云卧衣裳冷。看萧然、风前夕下，水边幽影。罗袜尘生

凌波去，汤沐烟江万顷。爱一点、娇黄成晕。不记相逢

曾解佩，甚多情、为我香成阵。诗和泪，收残粉。

灵均千古怀沙恨。恨当时、匆匆忘把，此仙题品。烟雨

凄迷僝僽损，翠袂摇摇谁整。谩写入、瑶琴幽愤。弦断

招魂无人赋，但金杯的皪银台润。愁瀹茗，又独醒。

第一节 洗尽铅华，青山看我应如是

我终于在痛苦中做出了抉择，我决定离开子龙，离开小红楼，离开松江，还子龙一个锦绣的前程。

我向窗外望去，绿叶嫩得发亮，一轮烈日正当着天顶，看着这些朝夕相处的物品，心里不禁感慨万千。青霭缕缕，几只鸟儿在屋顶上叽叽喳喳地叫着，不远处荷塘里的又探出了几支新荷，荷塘里的大锦鲤在水里自由地嬉戏着，风吹过，一地的残花落叶，满地的鲜红，浮光皑皑，阳光穿过斑驳的树叶，似乎所有的一切都是些好兆头，如果我像那闪过的风流过的水一样消失的话，能换来一片祥和的场景，就像我们之前幻想的一样，子龙得到重用，用主上给他的权利，破除了鞑虏，平复了流寇，大明的百姓得以安居乐业，那我即使化作天边的白云、飘落的杨花又何妨！

转过身子去，看着房间里熟悉的一切，我就要永久的告别这里了，我不由自主地想起了之前子龙写给我的一封信里面的一首诗，反复吟诵起其中的两句来。

> 我欲扬清音，世俗当告谁？
> 同心多异路，永为皓首期。

眼泪一下子就掉下来，我的目光一下子就看到了房间里悬挂的那个风筝，那是不久前子龙亲手为我做的，那还是清明的时节，我和子龙在留园的院子里面自由地奔跑，看着风筝慢慢地飞翔白云里，越来越远，最后成为一个小点，好怕它会消失在天际中不见，子龙温柔地对我说，不要担忧，你手里有线啊，无论他飞得多高你都可以找到它，就像我一样，无论离你多远，

只要拉一拉手里的那根线都可以找到我的。

看着风筝长长的尾穗，轻飘飘的羽翼，彩绘的风筝跟昨天无几，只是，我就要跟这个风筝一样，随风飞扬，究竟要飘零到何处，这些都无从得知。我把它从墙上拿下来抱在胸前，看来，这些要成为永久的回忆了。

"杨花还梦，春光谁主，明空觅个癫狂处……"我咏起风筝来。

"小姐，我们真的要离开这里吗？都不等陈相公回来，不辞而别他会伤心的。"烟儿默默地走到我的身边，轻轻地叹了一口气。

"这正是我要嘱咐你的，此番我们离开的消息，切勿走漏半点风声，你知道陈公子知道了肯定会难过的……"我稍微地停顿了几秒钟，故作轻松状，"烟儿，我们本来就是那种喜欢自由，四海为家的人，怎么能被小家小院束缚起来？我们可以一起去林间骑马，去山里舞剑，多么浪漫的事情。"我努力地想让气氛轻松起来，可是压抑感还是让人喘不过气来。

花满楼内，我和徐佛肩并肩坐在床边，她一脸的愁容。

"媛儿，陈夫人大闹小红楼的事情我听说了，你打算怎么处理？"徐佛关切地问道。

"徐佛姐，今日来我就是想告诉你这件事情的，我打算离开松江城去走走，看看外面的世界，拜访些有学问的先生。只是，今日一别，你我不知何时才能相见。"还没说完，泪水便在眼眶中打转起来。

"媛儿，你是我养大的，你的性子我是知道的，你自己决定的事情，几百头牛也拉不回来，无论你做什么我都支持你。"徐佛把我搂进怀里，这样的时光不知道何时才能再次体会到。

"对了，媛儿，给你看样东西。"她慢慢地踱步到梳妆台前，拿出一个精致的木盒来，盒子一看便是上好的杨木锻造的，刷了一层油亮亮的漆，木盒的前面挂了一把铜锁，但是精致中仍然无法演示它的年代感。徐佛小心翼翼地打开它，拿出一张泛黄的纸来，我很好奇，徐佛姐这是要做什么呢？

"媛儿，你过来看。"我看着那张泛黄的纸张，不禁热泪盈眶，那是我的卖身契，纸张已经泛黄，可是字迹却清晰可见，还有一个画押的红手印，原来，5岁的我只值十两银子，就是为了这十两银子，我的父母就忍心抛弃了我，我强忍着泪水，脑海中忽然闪出一个背影，那是5岁那年父亲离开我时最后的样子，记不清楚脸，只是在隐约间记得有这么一个影子。

"媛儿，这是十七年前，你亲生父亲亲手画押的卖身契，我一直拿你当我的女儿，从来没有拿你当成是我赚钱的一个工具，十七年来我们朝夕相处，感情胜过亲生的母女，今儿个在你面前，我把这个卖身契撕掉，从此以后归家院也好，花满楼也好，跟你没有半点关系，我知道你之前的这两段恋情都是由于你的身份造成了现在的结局。"说完这些，"蹭"的一声，卖身契被撕成两半。

"徐妈妈……"我无法用语言来表达我内心的感动之情。

"媛儿，从今天开始，你就是自由身了，我徐佛祝福你！希望你以后能遇到一个真心懂你呵护你的人……"徐佛哽咽了。

"徐妈妈，你对我的大恩大德，媛儿今生无以为报。我知道你自幼最疼爱我跟小宛，如今小宛早已嫁与冒辟疆，而我又要离去，媛儿不孝！"我扑腾一声跪倒在地，内心早已翻江倒海，所有的委屈与感动倾泻而来。

"快起来，媛儿，你这是要做什么？"我和徐佛依偎在一起。

希望有生之年还可以再见吧，我不知道当子龙回来，面对人去楼空的场景会不会埋怨我，我不知道这一世还会与子龙相见吗？我准备去杭州，自古以来，杭州就是出名士的地方，好山好水好风光，不亦乐乎。

我和烟儿一路南下，乔装成士人的样子，一到杭州便去拜见之前的老朋友汪氏夫妇，汪氏夫妇热情地接待了我们，刚到杭州的几天，便是著名的钱塘江大潮，汪氏夫妇特意为我们准备了鞍马，好自由行动，还为我们做了周密的计划，我不胜感激。

我早就听说钱塘江大潮的壮观场景，适逢赶上，倒也可以观赏下天下的大奇观。每年到钱塘江大潮，便会出现万人空巷的场景，无论王公贵族、达官显贵，还是平民百姓，全部都挤满到钱塘江上，观赏这天下少有的雄壮场面。

还未到十一日，我便和烟儿早早地来到钱塘江，为了行动方便，我们还是着士装，还未到钱塘江，便看到道路两旁摆满了各式各样的小摊，有卖吃的，有卖民间艺术品的，还有一些画像的师傅，从庙子头到六和塔十多里长的江边，整整十里地，三教九流，人头攒动，好一派热闹的景象！

忽然听到背后大喝一声，一个七八九岁模样的孩子，穿着破破烂烂的衣服，手里拿着一块咬了一口的枣糕，边奔跑边吃，狼吞虎咽的样子让人一看就知道好几天没有吃东西了。

"别跑，小兔崽子！"几个壮汉眼看就要抓到他了，孩子一个趔趄一下子摔倒在地上，枣糕掉在地上，孩子还是要伸手去捡，忽然，一个巴掌打过来，孩子哇哇大哭起来。几个壮汉叫嚣着，要把孩子抓取见官。

"住手！"我忽然有点看不下去，心里一阵酸楚。

两个壮汉听见我的声音，下意识地抬起头来看了我一眼，"谁啊，那么多事？"其中一个矮的男子嘟囔起来。

"两位大爷，这孩子定是饿极了，我乞求两位大爷放了他吧。"

"放了？说的倒是轻巧，饿的人多了去了，难道都要去偷去抢？"个子高的男子反驳起来。

"要不这样，这孩子的糕钱我付了，再多拿点来，让他吃饱吧。"烟儿听我这么一说，机灵地递上一串铜钱。

"这……好吧，小兔崽子，今儿个看在这个小哥的份上，我暂时先饶了你，要是下次再被我抓到，一定抓你去见官！你等着，我去给你拿糕。"说完松开乞儿，去不远处的店铺拿糕，此时，经俩人这么一闹，周围聚集了各种各样看热闹的人。

"别怕，吃吧。"烟儿轻声对乞儿说。

"小子，糕给你！"此时高个子已经拿了枣糕回来，递给乞儿。

乞儿一副茫然的样子，黑溜溜的眼珠转了几圈，憨厚的样子引来路人的阵阵笑声。

"吃吧，糕子都是你的了。"我又重复了一遍。

"阿妈，饿……"孩子抱着枣糕，嘴里嘟囔出一句来。

我心里一阵酸："去吧。"

转眼间乞儿就消失在拥挤的人潮里，我顿觉怅然，谁能拯救这些生活在水火中的难民，子龙，你何时才有施展才华的机会呢？

第二节　不系园宴会

钱塘江大潮真不愧是天下的一大奇观，黑蒙蒙的天水一线间，似出现了一条白练，不停地在海上翻滚，时而奔涌向前，时而退后，人们随着浪潮不停地欢呼雀跃，顿觉有千军万马呼啸而来，人们呼喊着，忽然发现大潮里面有几个弄潮儿，手里拿着锦旗，随着大潮起起伏伏，偶尔还会做些高难度的动作。

我一边为他们的勇敢鼓掌，一边为他们的安全担心，只见其中一个男子手里拿着五面锦旗，一个大浪过来，锦旗尽然丝毫未湿，又是一阵暴雨般的掌声，随即有人往江里扔赏钱。

钱塘江大潮之后，我一直住在汪氏夫妇的别院里面，汪夫人待人谦和，也是文采斐然，她与当朝的才女林天素为闺中密友，林天素是闻名江南的才女，在绘画与文学上的造诣极高。某人跟汪夫人聊天，她忽然脑袋灵光乍现。

"如是，你初来杭州，我们就以你的名义举办一场宴会好了，宴会筹集到的款项我们全部捐给灾民，再把杭州地区的风流名士请过来，大家饮酒对诗，你觉得怎样？你不知道，你在杭州的名气可高着呢！不知道有多少人想一睹你的风采。"汪夫人半开玩笑半真的对我说。

"汪姐姐又在取笑我了，我怎么能跟姐姐相比呢，姐姐是大家闺秀，千金之躯，通晓天文地理，才是无人能及呢。"听我这么一说，汪姐姐脸上抑制不住的微笑。

"柳妹真是口齿伶俐。"

"既然是姐姐提议，而又是为了灾民筹款，如是理当尽全力，鼎力相助。"汪姐姐的提议确实不错，既能帮助别人，又能见见当地的名士，何乐而不为。

宴会的地点定在不系园的木兰舟上，不系园是杭州有名的水上园林，位于西湖的一隅，颇有世外桃源的意味，园内有各种鲜见的奇异植物，湖水清澈，阳光洒在金色的湖面上，闪烁出耀眼的光泽，一进园林，就看到陈眉公题写的"不系园"三个大字，字体苍劲有力，往里走便看到汪先生准备的游舫，汪先生为人豪爽，西湖云游四海，结交了很多志同道合的朋友，而他又常常散尽千金，对来投奔他的朋友慷慨解囊，所以颇有尊严，这次不系园宴会帖子一发，各路文人争相参宴。

这一天微风阵阵，吹在脸上舒服至极，有各路名士丽姝相伴，心情更是舒畅。

我在不系园见到了才女林天素，她着了一身透逦拖地的白水裙，肌若凝脂，肩若削成腰若柳，一袭乌黑的长发倾泻而下，眉心中间一枚宝石，正坠眉心，樱桃小嘴，娇艳若滴，天生一副美人胚子。还有王修征，好一个豪爽的女子，头发梳成简单的云水髻，一袭淡青色的薄纱，灵活转动的眼眸慧黠地转动，带着几分调皮，几分淘气，好一个机灵的女子！还有很多名媛丽姝，不可否认，我们一见如故。

我们都有不平凡的遭遇，我们的歌声与舞技响彻在各种名流的场所，我们出身卑微，却通过自己的努力在不同的领域卓有成就，女人们嫉妒我们，男人们垂涎我们，在共同的遭遇中我们惺惺相惜。我们就像是飞入贵室的燕子，穿梭于各种名流与权贵之中，上层社会中没有秘闻能瞒得了我们。熟悉了才发现，林天素其实并没有想象中的那么冷艳，她内心充满抱负，关心国家命运，为国家的前途担忧，也是一个充满报国之志的奇女子。

席间，有人说起了钱牧斋，之前只是素闻他是嘉定的一个大文豪，还读过他的几首诗，其中尤其以《观美人手记》记忆犹新，正在兴头上，便顺口背起来，结果被众姐妹嘲笑，羞得我脸颊一团红云。还好天素及时为我解围，说起了才女徐友云。

友云以擅长画山水花鸟画而出名，"今儿个怎么不见友云呢？"我忽然想起她来，早就素闻她的大名了，要是再一睹其芳容就再好不过了。

"唉，想来也是红颜薄命，友云妹妹一年前早已常埋西陵了。"汪夫人的口气里全是惋惜。

席间热闹的气氛瞬间变得有些伤感，大家都不再说话。

"素闻，如是姑娘琴艺高超，今儿个给我们小奏一曲吧。"似乎是为了缓解略显沉闷的气氛，汪夫人提议到。

"好，如是献丑了。"我起身走到古琴前，信手弹唱起来，算是告慰友云的在天之灵。

> 美人卷珠帘，深坐蹙蛾眉。
>
> 但见卷泪痕，不知心恨谁。
>
> 虞兮奈何？自古红颜多薄命，
>
> 姬耶安在？独留青冢向黄昏。

一曲弹完，我还沉浸在曲调中，忽然听见人群中有人大喊，"柳姑娘好歌喉，今日一见，我谢某万分喜爱，谢某就爱美人，我在西溪的别墅与汪老爷家距离不远，不知姑娘可否愿意屈尊去观赏下。"说完发出一阵淫荡的笑声。

我顿生反感，仔细打量此人五十有余，头发已经花白，四肢短小，却天生一脸奸臣相，见他不住地将那一捋山羊胡须。

"谢老爷的好意，柳生心领了。"我努力地调整了下自己的心情，温和地说道。

"哼，"他的嘴角闪过一丝不易察觉的微笑，"我谢某人重才，妇孺皆知。像汝等尤物，岂会不明白我的心计？"

毕竟众人都在，这等放肆，我不禁怒火中烧，揶揄道："谢老爷既然自知我是尤物，那岂是凡夫俗子可高攀得了的？我喜欢驰骋在名山大川中的感觉，谢老爷的美意，在下感激不尽。"

"我谢某人呢，是一个特别执著的人，我定让你知道我的厉害。"他走近我，在我耳边耳语道，说完便扬长而去。

这句话像毒蛇一样，瞬间让我清醒过来，心里烦躁，浑身像是被捆绑起来一般难受。

"这个谢三宾！柳姑娘我们保护你。"好多义士慷慨朝我说。

第三章　以胶投漆中，谁能别离此

不系园宴会之后的某天，我在院子里读书，忽然门童送来一个帖子，我打开一看，是白纸一张，好生奇怪。

"咦，好奇怪的帖子，怎么会是白纸一张呢？是谁送来的？"我询问门童。

"具体是谁我也不知，是一位小厮送来的，说是一位老爷。"我困惑不已。

第二天天一亮，就听见外面叽叽喳喳不已，顿时不好的预感又出现，我赶紧起身，披了件衣服就出去看。门外面早已挤满了人，看见我走过来自觉地让开一条小道，我蹀步过去，忽然发现汪宅的大门上写着一排鲜红的大字，"美姝才女乃为天地所养育，应为众所共有，怎能容一拙夫私匿其舍！若不交出，当心老拳！"

我愤怒极了，手握成拳头状，因为用力而青筋毕露，手指关节咯咯作响，好你个谢三宾！邀约不成，就开始诋毁汪氏夫妇，好卑鄙龌龊的手段。

我跑到柴房去，拿起一桶水，"哗"的一声泼到墙上，顿时一片鲜红。周围仆妇们喁喁私语声这才停下来，我把木桶一丢，转身回到厢房里。

整个人像是被抽干了一样，瑟瑟发抖，我徒然地堵上了耳朵，那些不堪的言语像是一个个的冷箭向我发射而来，每一箭都射向我的心房，挥之不去。

第三节　智斗无赖谢三宾

　　从收到无名请柬后的第三天开始，每日来汪府拜见的人瞬间多了十倍，有来邀请我去参加宴会的，有来讨字画的，还有寻衅滋事的，每天人来人往川流不息，小厮们每天忙得团团转，汪老爷也是忙前忙后。

　　我明白了，这又是谢三宾派人做的，他是看我们究竟能忍耐多久，等我受不了了，自然会去找他求和，好卑鄙的手段，可谓如意算盘打得叮当响。

　　此刻的我觉得自己像一只被逼到悬崖边的小马驹，前面是一望无际的悬崖，深不见底，一跳必死，后面是一个猎人，他拿着一把锋利的刀步步向我逼近，我如果回头跟他搏斗，说不定还有生还的机会，是的，我要报复！不能让这个无赖继续破坏汪老爷和汪夫人的生活，他们视我为知己，慷慨解囊，我不可以让他们因为我而受到伤害。

　　"有妙计了！"连日来的苦闷终于想到了一个好的计策，我无法掩饰自己内心的喜悦，大喊起来。

　　"小姐，你想出对付无赖谢三宾的办法了呀。"烟儿也跟着快乐起来。

　　"是啊，以其人之道还治其人之身，让他等着品尝自己酿下的毒果吧。"窗外雨越下越大。

　　是夜，杭州的春天雾气蒙蒙，像是一位披了白纱的少女，窗外的花香有些甜腻，一株雪白的荼蘼花枝斜逸在窗纱上，四处的芍药、杜鹃开得如锦如霞，我不禁想起一个词语来，花开荼蘼，用来形容此时的场景倒也恰如其分。屋里极其静，只有鹦鹉脚上的小铃铛发出轻微的声响，凌烟在旁边磨墨，桌子上有一张摊开的宣纸，旁边放了一个假山的盆景，整个屋子的装饰倒也相得益彰。

　　提起笔来，准备给汪先生写点什么，我的计策需要他的帮助，而我对他及汪夫人全是愧疚之心，他们帮助了我那么多，而我却为他们带来了那么些的烦恼。

先生的回信只有四个字，“倾己之力。”看到这四个字时，我的感动无法言表，第二日竟与夫人特意登门拜访。

“柳姑娘，你对付谢三宾的计谋我觉得可行，只是要冒点风险了，但是，柳姑娘放心，老夫定当全力以赴。”汪先生说道。

“汪老爷跟汪夫人的情谊，如是没齿难忘。”说完边向两位作揖。

“柳妹，你这又何必？我昨日还跟老爷商量，要是你愿意，可以搬到姚琳的别墅去，那里离杭州较远，想来那个无赖是找不到那边的。”汪夫人关切地说道。

“这一次，我不会再躲避了，我已跟汪兄商量好了计策来对付谢三宾，我真心的感谢二位对我的帮助。”

到第五天的时候，汪府别墅门前仍然有各种不三不四的人前来闹事，我坐在窗前读一本书，嘈杂声吵到我无法安心读书，实在是忍无可忍！我把书本一丢，写了一封短笺让炬儿递给那些闹事的人，信笺的大意是说，我认输，希望能够和平地解决这个事情，但是要保证汪宅的安宁，择日可来汪府接我主仆二人。

信一送到，汪宅瞬间变得安静起来，多日的烦闷感也伴随着作鸟兽状的人群一哄而散，心情倒也雅致起来。

翌日，到了我与谢三宾相约的时刻，一大早谢三宾便派了轿子来接我，好一个色胆包天的淫贼，而与此同时的这一天，汪老爷也在梅园以我的名义再度举行了一场以文会友的盛宴，邀请了五湖四海的文人、骚客、名媛等，甚至还特意邀约了一些官在要职的名流，一场好戏就要开演。

我一到谢三宾的府上，他早已坐在门厅里等我的到来，脸上一副洋洋得意，好像是我真的已经认输，他居高自傲的惺惺作态让我觉得恶心。

“哈哈，柳姑娘早知今日又何必当初呢，乖乖的听从我的不就好了？省得让老夫出手……”边说边向我靠近，一只手已经搭在了我的肩膀上。

我不禁往后退了一步，“谢大人的好意我怎会不知，如果你答应我十个条件，小女子愿意心甘情愿地嫁与谢老爷，绝不反悔！”

“哼，跟我谈条件？”谢三宾收起他那淫荡的笑容，“你也太小看我谢某人了，我谢某人想得到的东西，还要条件去交换？柳隐，我实话告诉你，你进了这道门就休想再出去了，你今儿个必定是我的人了。"说完就向我扑过来，双手在我身上一阵乱摸，我奋力抵抗，两个人撕扯起来。

"谢三宾，你个无赖，快出来！"外面忽然响起一阵叫嚣声，他们终于来了。

谢三宾忽然停下来，瞪着一双眼睛问，"谁？"我在眼睛里面看到了惊恐，说完，手便从我身上放了下来。

"谢三宾，滚出来！"

"放了柳姑娘！"

"再不出来我们就一把火烧了你的别墅！"

"连姓谢的一起烧了！"

外面的叫嚣声此起彼伏，我对着铜镜把散下来的碎发梳理好，一边漫不经心地说，"谢老爷既然有意与我联姻，那外面的那些便是我的朋友，你理应去见见的。"说完露出一个妩媚极致的笑容。

"老爷，不好了，外面来了一大群人，要见你，还有人手里拿着兵器和火把，怪吓人的。"小厮一边敲门一边疾呼。

"敲什么敲！你当我聋子啊，快去看看来的是何人！"谢三宾像个急躁的野兽，朝着小厮大吼起来，我忽然觉得有点可笑。

"报……报告老爷，外面的人有二三百号人，看起来很凶，一直叫嚣着要见老爷，这可怎么办？"小厮再次在门外禀报。

"谢老爷，我劝你还是去见见外面我的那些朋友，他们要是凶起来烧了你的宅子，到时候可别怨我没提醒您。"

"谢管家，快关门！"谢三宾气急败坏。

"老爷，已经关不了，他们……他们已经到院子里来了！"老管家害怕到说话结巴。

"谢三宾！出来！"

"再不出来，你死定了！"

声音越来越大，可以断定出他们离房间越来越近了。

再看此时的谢三宾，早已没了之前的嚣张气焰，脑袋耷拉着，眼睛里面充满了恐惧。

"好，好……我出去，我出去。"说完就哆哆嗦嗦地出去了。

"快，带我出去。"谢三宾一走，我就让早已吓到丧胆的管家带我出去。

众人一见谢三宾出来，立刻上去把他围了个团团转。

其中一个剑客模样的人，拿着一把剑一下子抵在谢三宾的喉结处，谢三宾大喊，"壮士饶命，壮士饶命……"谢三宾心里应该很清楚，这些剑客云游四海，连官府都奈何不了，更何况是他一个小小的商人。

"快说，你个无赖，到底把柳隐藏到哪里去了？"剑客一挥剑，只见谢三宾背上已是汗津津。

这一切我都看在眼里，我存心要吓唬下这个无赖谢三宾，倒是旁边的管家看到自己老爷这样，抓紧走上前去试图解围。

"各位英雄好汉，有话好好说。在下谢府的管家……"话还未说完，就听见"啪"的一声，一个巴掌抽在管家的脸上。

"一个看门狗也想来充人数！"管家被打倒在地，不敢吱一声。

谢三宾一看这样，两腿一哆嗦一屁股坐在地上，"我放人，放人……"

看着这场闹剧已经差不多可以收场了，我觉得我可以出场了。

"感谢诸位仁兄今日来救小弟，小弟不胜感激！"我朝众人握拳作揖。

"柳姑娘不要这样说，柳姑娘有难，各位义士定当义不容辞。这个谢三宾今日在在下的刀下，你说怎么处置就怎么处置，说杀了他，在下一定就要了他的狗命！"剑客豪爽至极，说完还做了一个要杀的动作。

"义士如果杀了谢三宾这个狗贼，那不等于又给柳姑娘招来了另一个灾祸？"旁边有人分析道。

"把谢三宾赶出杭州城！"人群里面忽然有人大喊道。

"这是个好办法，快点给柳姑娘磕头，然后发誓滚出杭州城！"

"滚出杭州城！"众人附和道。

"我……我发誓，我滚出杭州城，再……再也不为难柳姑娘了……若违背此誓言，猪狗不如！"谢三宾这个狗贼果然是个贪生怕死之辈。

"我……我可以走了吗？"谢三宾问道。

"那么，谢老爷，永别了。"我的嘴角露出一丝微笑。

第四节　岳武穆祠的雄心壮志

　　谢三宾离开了杭州，我也总算是稍稍地松了口气，可是，我的灵魂仍然没有得到安稳，依然在漂泊之中。我常常会做这样的一个梦，梦中我已经不再年轻，两鬓斑白，皱纹满面，我成了一个无人搭理的老妪，昔日的黄衫豪客们再也不愿意保护我，我终于到了"门前冷落鞍马稀"的境地，梦中的我在哭喊，可是仍然没有一个人理睬我。

　　梦醒了，枕巾已湿了大半，我起床坐在铜镜前看着镜中的自己，一肌妙肤，弱骨纤瘦，睡眼朦胧惺忪，腮晕潮红，羞娥凝绿，只是由于近日的烦心事众多，眼角处明显的有些疲惫，我不知道自己这样居无定所的漂泊下去还要流浪多久。

　　我不敢想下去，低下头一眼看到了铜镜背后雕刻的两句诗，"照日菱花出，临池满月生。官看巾帽整，妾映点妆成"，这是子龙送我的定情信物，这两句诗一下子就把我拉回到现实里面，子龙的样貌立刻浮现在我的脑海中，当日离开小红楼，我只带了这一件信物，我像拥抱子龙一般，把铜镜抱在怀里，冰凉一片。

　　前几日传来消息，子龙已经回到松江城了，子龙中了举人，只是未得到朝廷的重任，想到这些我不禁黯然起来，我的牺牲并未给子龙换来一个锦绣前程，而张氏那边，果然给子龙娶了三房姨太太，我不知道，当子龙回到我们的小红楼，看着人去楼空的房间会作何感想，当他面对着妻妾成群的家时，有没有那么一点想念我，想到这些我不禁潸然泪下。

　　"小姐，你起来了呀，今儿个汪夫人特意给你炖的千年人参汤，大补身体的，趁热喝了吧。"烟儿推门进来，我赶紧把泪水拭干。

　　"嗯，烟儿，替我谢谢汪夫人。"

"好，我知道。对了，小姐，我到现在都想不明白，那天怎么会有那么多黄衫豪客一下子涌到谢府，把小姐给救出来呢？烟儿愚钝，想了好几天都未想出来，还请小姐指点下。"烟儿边说边用手指抓脑袋，样子可爱至极，看着她的表情，我破涕为笑。

"好吧，傻烟儿，我给你讲下，究竟是怎么个情况，要是脑袋想破了，以后谁陪我呀？"我娇嗔地笑道。

"嗯，小姐快说快说。"烟儿催促道。

"还记得那日我们去谢府之前，我已经跟汪老爷商量好了，我先去谢府，做出一副被谢三宾抢走的架势，而另一方面，汪老爷以我的名义邀请了各路文人、豪客去参加以我名义组织的盛宴，当宾客们都到齐了的时候，汪先生故作为难状，跟大家说我到不了宴会了，勾起豪客们的侠义之情，等到气氛汇集到一个点的时候，再由汪先生讲出谢三宾是如何掠夺走我，如何欺凌我，听完这些，他们势必会去谢府救我，然后接下来就出现了你看到的那一幕，烟儿，你明白了吗？"一口气说完这些，觉得有点口渴，便顺势喝了一口人参汤，味甘性甜，口感喝起来确实不错。

"可是小姐，这实在是一个冒险之举，要是这些豪客没有及时赶到，你不就危险了……"烟儿说道，"好悬啊。"

"是，这的确是个冒险之举，但是我也别无他法了，现在不是好好的了吗？谢三宾被赶出了杭州城，我们也清闲下来，只是……我不想再麻烦汪先生和汪夫人了，或许我们该启程上路了。"说到这里，我略微有些伤感和不舍得。

"恩，我一切都听小姐的安排，小姐说去哪里就去哪里。"这么些年也实在是难为烟儿了，跟着我东奔西跑，我不禁有些感动。

"烟儿……难为你了……"

"小姐这是说哪里的话，我和小姐相依为命，要是没有小姐，我还不知道被卖到哪里，小姐待我如自家姐妹，烟儿感激不尽。"

第二天，我们就去拜别汪氏夫妇，汪夫人紧紧地拉着我的手恋恋不舍。

"柳姑娘，你也不能这么漂泊下去，难道世界那么大，就没有一个你欣赏的男子？"汪夫人眼睛里全是关切。

我又想起了子龙。她又怎会完全理解我的苦衷？汪夫人视我为知己，慷慨帮助我，可是她身为主母，是不理解我作为一个红尘女子的苦衷的。

汪夫人见我不说话，叹了口气："柳妹，我这边有个礼物要送给你。"说完，就起身到内厢房拿出一个包裹来。汪夫人解开包裹，我看到里面有一本《春堂文集》还有一个精致考究的木盒子，想来汪夫人早就准备好了。

"柳妹，这本文集是老爷送给你的，那个木盒子是我为你准备的一些首饰和盘缠，外面人心险恶，你一个柔弱女子，要多保重啊。"

"夫人，这本文集我先收下了，这些盘缠你帮我先收着吧，待来日我们相见时，你再赠予我。"

"唉，你怎么不明白我呢……"汪夫人有些伤感。

"夫人，你的好意，柳隐感激不尽，我的诗文足以养活我主仆二人，如若不能，我还可以去卖艺谋生，自己养活自己没什么可丢脸的。"

汪氏夫妇一直送我到很远，汪夫人拉着我的手满面愁容，想着他们对我的好，离别总是伤感的。

拜别了汪氏夫妇，我和烟儿准备去苏州，这一年已经是明崇祯十一年，我已 21 岁，我抓着青春的尾巴，惶惶。

这个时候的国家，内忧外患严重，吏治腐败，东厂与西厂太监专权，整个大明王朝风雨飘摇，岌岌可危，我渴望有朝一日能够报国杀敌，为我大明江山尽自己的一点微薄之力。

岳武穆祠前，我着士子的服饰，内心激动不已，看着苍劲有力的"还我河山"四个大字，我的内心不住地轰鸣，岳武穆这样的千古奇才，要是现在能出现，我大明江山定会崛起。想着现在的局势，一些难民们为了反抗腐败的吏治，多地都爆发了农民运动，而像子龙那样怀着爱国热情的人，却得不到重用，空怀满腔的壮志，闲赋在家，想到这些我一阵悲哀。

忽然听到一阵嚎啕大哭之声，我看到一个小厮模样的年轻男子跪在那里哭泣，一边大喊："岳老爷，快显显灵啊。"

仔细询问才知道，满洲八旗攻陷济南城，他的主人在战乱中不幸遇难，周围全是叹息声，我拿出一支随身携带的毛笔，愤然在旁边的大旗上写下一首诗，"海内如今传战斗，田横墓下益堪愁。"

　　"好诗，好诗，公子好文笔。"旁边全是赞叹声，或许，我这一声道出了很多人的心声，国难当头，这才是一个男子汉应该去做的事情。

　　整个一下午，我都在岳武穆祠，一言不发，久久地注视着"还我河山"四个大字，内心澎湃不已。若以后，我嫁的男子，必是一个怀有爱国之志的男人，而如今，我四处漂泊，这样的一个男子究竟在哪里呢？

第五节　独闯"半野堂"

来常熟后数日，听闻虞山钱学士的大名，想来之前在不系园宴会上关于他的一些传闻，不知是真是假，世人赞其为"风流教主"，说他风流倜傥，文采斐然，我很想去拜访他。

初春的虞山，美不胜收，就像一幅美丽的山水画卷，整个虞山城像是卧龙般，半身城内半身城外，背枕松涛，连空气中都带着一股香甜的诗词味，七溪流水皆通海，十里青山半入城，风景秀丽旖旎，风水想来也是极好的，怪不得会出现那么多的才子佳人。

似乎早已经习惯了着男子服，今儿个拜访钱学士，仍旧是一身男儿装束，轿子一直到半野堂前才停下，掀开卷帘，只觉一阵鸟语花香扑面而来，正午的阳光，像母亲的手，轻抚着一切，好一个曲径通幽的地方。

走进半野堂的门廊，一个管家模样的老先生迎面走来。

"在下柳儒士，素闻钱翁声望，今日特意前来拜谒，望传话。"说完，便递上了我的名帖，上面写着"柳儒士"三个字。

须臾，管家抬起头来端详我半天，看得我好生不自在，他一会看看我，一会看看名帖，半晌之后，脸上露出一丝遗憾的表情，"不好意思，我家老爷今天一大早就出门了，公子改日再来拜访吧。"

出门？我实在不知道这个管家葫芦里面卖的什么药，看来是没有缘分了。

"那好，那我改日再来拜访。"说着便转身离开，这个钱学士架子也真是够大的，想起来有点郁闷，索性跟烟儿去尚湖泛舟，好打发些无聊的时日。

我讪讪地来到船舱，换了一件大红色的女衣，头发一下散开，倚在船舱边上看着窗外美景，整个虞山好似一幅绝美的山水画卷，倒影在碧绿的湖水中，一个拱形的小桥像是天公洒下的玉带，把桥的两岸连接在一起，不时地会有一叶扁舟从拱形的桥洞下穿过，星帆点点，湖上雾气氤氲，像是被披上了一层薄纱，若隐若现，好美的风景，被拒绝的坏心情也慢慢地得到了治愈。

忽然我看见岸上有几个人影在挥手，距离有些远，看不清楚人影，不知何人，于是继续醉心于美景中。

"柳姑娘，我家老爷要见你！柳姑娘……"忽闻岸上响起一阵呼喊声。

"烟儿，去船头看看，是何人在叫喊。"不多时，烟儿便回到船舱里来。

"小姐，我看了半天，好像是刚才我们去拜见的钱学士家的管家……"

"哦？"我顿时来了精神，"烟儿，把船往岸边行驶。"

随着小船的移动，透过船舱的遮帘，我渐渐看清楚了岸上的人，岸上有一顶轿子，旁边站着两个人，仔细定睛一看，其中一个便是刚刚在半野堂相见的管家模样的老翁，而旁边，站着一位老者，两鬓斑白，黑红的脸膛，形貌映丽，身高八尺有余，身穿水墨色衣、头戴一片毡巾，袍内露出银色镂空木槿花的镶边，腰系玉带，手持象牙的折扇，站在那里显得落落大方，这难道就是钱谦益，钱学士？

我不禁一阵紧张，我一个红尘女子，要一个大学士亲自来迎接，不免有些受宠若惊。

我来不及梳洗打扮，便披散着一头乌黑的秀发到船舱的前端，身上还披着那件刚刚换下来的大红色风衣，在微风的吹拂下，显得有些不伦不类。

距离越来越近了，我和钱翁四目相对，他的眼神里面一双眼光射出一丝的焦虑，两弯眉浑如刷漆，深色中也有一丝的焦虑。

"在下柳如是，岸上可是钱谦益钱学士？"

"鄙人正是，看我是来回访柳姑娘的。"钱学士果然有传说中的"风流教主"的风范。

船已经停靠在岸边，船夫一下子跳到岸上，烟儿也上岸，顺手把我拉上岸来。

"在下素闻钱学士知识渊博，一腔报国热情，今日特来拜访，没想到却逢主人不在，只好一人泛舟尚湖。"

"老夫先替家奴给柳姑娘赔礼了，如有怠慢还请柳姑娘多多包涵。"钱学士双手抱拳。

"这不是要折煞学生吗？今日一去半野堂，就见家奴训练有素，哪里需要批评，要褒奖才是。"

"哈哈哈哈，柳姑娘果然心胸宽阔。"钱先生一边抚摸胡须，一边大笑起来。

"外面风大，不如去船舫上品一杯香茗，在山水般的美景中细细品味？"主客坐定，烟儿端上一壶上好的西湖龙井，淡淡的芬芳浸溢出来，整个船舱都是一股清香的味道。

"先闻这清香的味道，便知是好茶，"钱先生呷了一口，"疏香皓齿有余味，更觉鹤心通杳冥，顿觉清气上升，浊气下降，满口生津，让人回味无穷啊。"

"先生高赞了，这是当日离开杭州的时候，我的朋友汪俞审先生赠与在下的。"只见钱学士四目扫视了一下船舱，然后看起外面的美景来，半晌未言语。

"有怅寒潮，无情残照，正是萧萧南浦……"他忽然间吟出这么一句，念的正是我的《金明池·咏寒柳》，似乎是无意也似乎是有意。

"在下的拙作，钱学士见笑了。"想不到他那么关注我的诗词。

"这首咏柳写得浓纤婉丽，极尽哀艳之情，我很喜欢上阕，明写柳而暗写人生的遭际，借物咏志，好诗。"我忽然想起了我之前的一些遭遇，被霸占为小妾，离开子龙，智斗谢三宾，这一切的一切，想起来便有些伤感。

我没有接钱翁的话，看着一望无际的湖水，心情早已跟之前有所差异，钱学士似乎也是想起了什么，默默不语。或许他也想起了自己的郁郁不得志吧，跌宕起伏的人生，在失意与得意之间来回徘徊，不知此时的他匡扶大明的宏谋还有吗？看着钱学士，忽然有点同病相怜的感觉。

"今日老夫特意来回访，不如你跟我回半野堂小住几天，算是之前的事情老夫给你赔礼了。"钱学士邀访道。

我低头看了下自己随意的穿着和披散的头发，实在是不适合去半野堂拜见，于是婉言拒绝起来，"不如改日再去拜谒钱学士吧，今日有些乏了。"

"柳姑娘既然这么说，在下也就不好再邀请了，那就这样吧，五日后一早，我备好步辇去迎接姑娘，你觉得怎样？"钱学士话都说到这个份上了，我实在是不好再拒绝。

"好，那改日再见。"我目送钱学士的轿子渐渐地消失在翠野中，内心感慨万千，钱谦益跟历史上的那些人物一样，颇具胆识，曾经官至礼部侍郎，但由于奸人的陷害，如今归隐田园，不少清流的君子都举荐他重新进军朝野，人生经历了多少的大起大落，对这样的人，我是心怀敬畏之感的。

暮色渐渐地降临，西去的太阳渐行渐远，夕阳西下的虞山格外地明艳动人，散发出一种独特的魅力，薄薄的雾霭在夕阳的照耀下变成了橙色，真是一个好地方，落日照大旗，马鸣风萧萧，心中还有一种慷慨情怀。

第四章

赏心乐事共谁论

有一美人兮，见之不忘，一日不见兮，思之如狂。

凤飞翱翔兮，四海求凰，天奈佳人兮，不在东墙。

将琴代语兮，聊写衷肠，何日见许兮，慰我彷徨。

愿言配德兮，携手相将，不得於飞兮，使我沦亡。

第一节　广发英雄帖，如是选亲

来虞山拜见钱谦益的第二天，我便去拜见嘉燧老人，我之前在不系园的时候，嘉燧老人适逢在杭州，我们一见如故，今日来江苏，必然是要去拜见的。

"柳姑娘，别来无恙啊，哈哈哈。"老先生虽然一副老态龙钟的样子，但是声音却是极其响亮，身体看起来极其硬朗。

"嘉燧老先生，自杭州一别，已一年有余，今日柳隐来苏州，故特意来拜见，嘉燧老先生风采依旧啊。"

"欢迎欢迎，这几日不妨下榻我这通幽园，小住几日，我还有一些事情要与柳姑娘商议呢。"想起与钱学士之约，时间倒也来得及。

"好，那小弟恭敬不如从命了，只是，是什么事情呢？你今日可吩咐与小弟，小弟定当全力以赴。"

"哈哈哈，好一个豪爽的小弟，那我就直说了，柳姑娘定要答应老夫。我觉得柳姑娘才艺过人，天资聪颖，而老夫膝下的儿女都早已谈婚论嫁，可愿意认作义女？"

"这让柳隐诚惶诚恐了，柳隐自幼无父无母，今日嘉燧老先生不嫌弃柳隐的出身，让柳隐感动万分，怎会不愿意？女儿拜见义父。"没想到嘉燧老先生会提出这样的请求，我一个从归家院出来的女子，得到大文豪的青睐，已是受宠若惊。

"哈哈哈，快点请起，那我可不愿意为我的干女儿四处漂泊无依无靠，上次谢三宾事件，老夫心有余悸，我觉得我该适时地帮你选个如意郎君了。"

"义父，这……"我的脸颊绯红一片，瞬间明白了嘉燧老先生的用意，此时的我答应也不是拒绝也不是，我心里暖暖的，想来我柳隐命薄，但是却遇到了这么多赏识我的人，我不胜感激，都说应该知足常乐，我该知足，也应该欢乐，我也厌倦了无休止的漂泊，只是这终身大事，定然不能这么草率。

"不说话，那为父就先替你做主了，明天我们在通幽园广发英雄帖，帮我的女儿选亲，女儿，你觉得怎样？"

我支支吾吾的不知道如何回答。

"义父，这……"

"不要害羞嘛，女大不中留，男婚女嫁本是极其平常的事情，女儿，你的心里有没有合适的人选？"

"我……我曾经发誓，这一辈子不做姬妾，一定要在白日风风光光的出嫁，女儿不重别的，就只重才。柳隐陋见，天下惟有虞山钱学士者始可言才，我非才如学士者不嫁。"说完心脏因为紧张而跳得格外的快。

"虞山钱学士？钱谦益吗？女儿果然好眼力，好，那明日我们就看看有没有钱学士类可做我女儿夫婿的男子，当然，一切还是以女儿的意见为主。"既然嘉燧老人话都说到这个地步了，我也没有理由再去拒绝，有幸结交下苏州的英雄豪杰也是不错的。

通幽园里，天空碧蓝澄澈，如一方上好的翡翠琉璃，凉爽的风徐徐地吹来，带来些许芦荻的清香，绵白的云像是清浅的浮梦，蝉鸣稀疏。我和烟儿在通幽园里游荡，想看看这早春时节的花开得是有多的艳丽。不远处有一个小亭子，上面赫然写着"翻月湖"三个大字，我牵着烟儿的手顺着游廊一路前行。

翻月湖中，几只鸳鸯在浴水游乐，我坐在亭子里，看着它们，它们个个颜色艳丽，羽毛丰艳，一对一对的在湖面上畅游，真是只羡鸳鸯不羡仙啊。旁边有一束木槿花，莅临湖边而生，花枝横斜，微风一吹，落得一地的芬芳。

"小姐，明日的选婿大会，你说会不会有很多青年才俊来参加啊？"烟儿忽然痴痴地说了这么一句。

"哈哈，要是有，我定然为烟儿选一个乘龙快婿，烟儿，你说好不好啊？"我故意逗她。

"哎呀，羞死人了，小姐，你又取笑人家。"只见烟儿满脸通红，双手捂住脸颊，透过指缝仍旧可见点点星红。

"哈哈哈哈哈……"我大笑起来。

"不过，烟儿，明日你可不可以帮我一个忙呀？"

"有什么事情，小姐尽管吩咐就是了，烟儿定当赴汤蹈火。"一说起这个，烟儿立刻正色道。

"好，那明日，你穿上我的衣服，扮成我的样子好不好？"

"小姐，这万万不可……"烟儿被吓得浑身一颤，"明日是小姐选亲，小姐却要我扮作你，要是让嘉燧老人知道了，我就死定了。"

"他不会知道的，明日选亲，你躲在屏风后面，谁知道后面是你还是我，你什么都不必说，老实坐在那里就好了，难道你不希望我挑个如意郎君？"我故意正色道。

"烟儿当然想，只是，小姐……"

"好啦，不要吞吞吐吐的了，就这么说定了。"

第二日一早，我便赶走了嘉燧老人府上前来为我梳妆打扮的所有婢女，亲自为烟儿梳妆打扮。嘉燧老人派人送来一件锦绣的华服，上面用精致的金线绣出一只灵动的凤凰，展翅欲飞。烟儿一番精致的梳妆打扮后，穿上此装，嫣然已是一个美人胚子。只见烟儿下面着一件黄色绣着凤凰的碧霞罗，透迤拖地粉红烟纱裙，手挽妃罗翠软纱，风髻雾鬓斜插一朵牡丹花，黛眉开娇横远岫，绿鬓淳浓染春烟，头上戴了一个云锦头饰，上面有一些珍珠，拉下来便可遮住相貌，若隐若现间，我不禁看得有些入迷起来，好一个美丽的姑娘。

"小姐……你不要这样盯着我……"烟儿显得有些不自在，一双秋水盈盈的眸子里面流露出不安、羞急与娇怯，委实让人心动。

"哈哈，那今儿个你就好好选，选好了，我就帮你找个如意郎君。"说句心里话，我觉得烟儿也到了成家的年纪，如果有合适的男子，我倒也算是做了一件功德圆满的事情。

"小姐千万不要这样说，烟儿这辈子都跟着小姐。"

"你等我一下。"我跑到里厢房，又换上平时的男子服来。

"小姐，你穿成这样，怎么去选亲？"烟儿不禁怀疑起来。

"这样，溜到他们中间看才清楚不是？"

"小心被嘉燧老先生知道……"

"不会的，我会小心行事的。"听着外面有一阵碎碎的脚步声，我抓紧把烟儿的云锦头饰放下来，自己则偷偷地藏到一边。

"小姐，时间差不多了，该出去了。"原来是嘉燧老先生府上的王妈，烟儿点了下头，便被王妈搀着出去了。

也差不多了，我便也尾随后面，今天的通幽园格外的热闹，处处张灯结彩，挂着火红的灯笼，马车从街头一直排到街尾，我小心翼翼地挤在人群中，生怕被干爹发现。

"今天乃是姑娘选亲的大日子，各位有任何的才艺绝学尽可展示出来……"说话的真是嘉燧老先生的管家，嘉燧老先生坐在旁边撩着胡须，穿了一件鲜艳的衣服，看起来又年轻了很多岁，旁边是一个屏障，屏障后面是代替我的烟儿。

说完，一位男子走上前去，对着屏障作了个揖，"在下素闻柳姑娘貌美如花，今日特来一见，自古英雄爱美女，柳姑娘一笑倾人城，再笑倾人国……"他一边说话一边挤眉弄眼，惹哭周围一阵哄堂大笑，才说到这些我就听不下去了，真是一个凡夫俗子。

我觉得实在无趣，便悄悄离开，去梅园赏梅了。

第二节　梅园深处，再遇钱翁

初春的苏州还是有些寒气的，昨天刚进来的时候，嘉燧老先生便让管家带我去倚梅园赏梅，说倚梅园的花开到最后一波了，开的是极其红火的，千万不要错过，昨儿个身子乏得很，今天这个好日子，忙里偷闲去赏赏梅也是极好的。

还尚未进倚梅园，便闻到一阵奇香，似有似无的萦绕在身边，越接近越是沁人心脾。一近梅园便看到满园的红梅，开得恣意正浓，红得好像要燃烧起来一般。火红的花瓣配上点点黄色的花蕊，显得格外的耀眼，所有这一切都显得更加的清丽傲骨，不禁想起有"梅园鹤子"之称的大诗人林逋的两句诗来，"疏影横斜水清浅，暗香浮动月黄昏"，倒也与此时的心情相得益彰。

看着这恣意盛开的红梅，不正像此时的我吗？再经过一些时日，便再也回不到此刻的绚烂极致，慢慢地就会枯萎凋零。想起这些，我不禁又伤感起来。何时才能遇到一个"愿得一人心，白首不相离"的男子呢？想着，便折了一支，清洌的梅香好像要把我融化了。

"柳姑娘好雅兴，外面的人为柳姑娘挤破脑袋，柳姑娘倒落个清闲，自己一人在这边赏梅，哈哈哈……"好熟悉的声音，我抬头一看，一张熟悉的黑红的脸，须发飘逸，不凡的气度，是钱学士！

"钱学士怎么在这里？"我不禁询问道。

"柳姑娘选亲，老夫怎么能不来捧个场？"我瞬间明白了，是嘉燧老先生请他来的。

"外面这么热闹，姑娘为何一人独自在这？"

"钱学士不也是自己一人在这赏梅？"说完，我俩相视一笑，才第二次见面，我俩竟然像是熟稔的故交。

后来我们又谈论了很多，他告诉我他有编纂《大明实录》和《列朝诗选》的打算，我不禁佩服起来，说到他三起三落的生平，他显得颇为动情。

"老夫这大半生，起起落落，屡遭奸人的陷害，已经远离政治多年，如今我醉心田园，不问世事，潜心著作，希望可以承百代之智慧，总结前人失传的著作，以名教后世。"我的脑海里面忽然浮现出一个老人潜心编纂书稿的情景，竟然有些感动，于是轻吟出一首诗来。

> 一室茶香开淡黯，
> 千行墨妙破溟蒙。
> 竺西瓶拂因缘在，
> 江左风流物论雄。
> 今日沾沾诚御李，
> 东山葱岭莫辞从。

"妙哉，妙哉，柳姑娘这遣词庄雅，暗喻准确，更是将老夫这平生三两句就表现出来，老夫佩服，佩服！"说着抱拳作揖起来。

"钱学士这么夸在下，在下要骄傲了，近日西泠夸柳隐，桃花得气美人中啊，哈哈。"

那日，我们聊了很久，忽然发现竟是彼此的知音，有种相见恨晚的感觉。

"那日，尚湖一别，柳姑娘与在下相约改日再访半野堂，今儿个梅园相遇，是不是该履行再访半野堂的诺言了呀？"钱学士忽然想起来。

"好好好，明日我定访半野堂。"

"好，那君子一言，驷马难追，我们明日再见。"

不知不觉间，夕阳慢慢地落下来，夕阳下的梅林多了一丝宁静，花朵都变得柔和起来，还散发着动人的光圈，我和钱学士梅园拜别。

回到通幽园的时候，选亲宴会也差不多要结束了，我趁着混乱，一把拉起烟儿，换了衣服回来，倒也没出什么差错。

"小姐，你……你终于回来了，快吓死我了……我一下午都不敢说话，又怕嘉燧老先生忽然问我话，心儿到现在还在扑腾扑腾的跳呢。

"哈哈，没有发现就好，晚上嘉燧老先生定是要找我问话的，快点跟我说说今日的情况，我好晚上回话。"

"我觉得他们这些人都不适合小姐，个个跟天桥杂耍的一样，小姐，你下午去哪里了呀？"烟儿忽然问起来。

"我……我……我去倚梅园了。"下午遇见钱翁的事情，还是不要声张的好。

"柳小姐，老爷让你去通幽堂一趟，说是有些事情要询问你。"外面传来王妈的声音。

"好的，我知道了，等下我就去。"听着脚步声渐远。

"小姐，你可千万不要说漏嘴啊。"烟儿还不忘嘱咐我。

夜色微暗，夜晚的通幽园月华淡淡，风露凝香，好一个安静的夜晚。月色如绮，树影微微倒影在湖边，倒极像是某人颀长的身影，我忽然想起今天在梅园与钱学士的意外相遇，想到这里，不禁微微一笑，人之相知，贵在知心。

通幽堂内，灯火一片通明，门口上挂着两个大红色的灯笼，温柔的灯光照在人的脸上，通红一片。嘉燧老先生和夫人坐在大堂中央，在等候我的到来。

"柳儿拜见义父义母，柳儿给二老请安了。"

"好好……柳儿，今儿个选亲大会可有合适的人选啊？"嘉燧老先生果然是来询问我这件事情的。

"是啊，你义父很为你的终身大事着急啊，快说说，喜欢哪家公子，你义父也好心里有数。"嘉燧夫人，温婉大方，总是在彬彬有礼中带着一丝亲切的温暖。

"柳儿今日未看到心仪的男子……"

"这么多男子竟未看到一个心仪之人，竟然没有一个虞山钱学士般的人？"说起钱翁，我的脸瞬间一片绯红。

"没有，是女儿配不上……枉费了义父的美意，还忘义父原谅。"我深深地感觉自己愧对嘉燧老先生，他尽心尽力地帮我，可婚姻大事……

"柳儿言重了，我答应过你，要尊重你的选择，便自然不会强求于你，我们也只是为了你好。"嘉燧老先生的字字让我感动，一个自幼无父无母的红尘女子，能得到他们的帮助与青睐，我感激万分。

从通幽堂出来，夜色已经朦胧，我忽然想起了子龙，不可否认，已经四年了，我对子龙仍然念念不忘，我不知道他现在过得好不好，从十八岁到二十二岁，这漂泊的四年，我经历了太多，我渴望爱情，却又惧怕爱情，我的心矛盾之极。

这个晚上，我把自己关在房间里，在镜子前站了好久，我点燃了满屋的红烛，穿上最美的华服，戴上最美的首饰，我就这样目不转睛地看着镜中的自己，是那样的年轻而美好，我想起了自己曾经给自己取的名字，杨影怜，孤芳自赏，顾影自怜。

第三节 半野堂初露心迹

第二天一大早，钱学士的轿子早早就到了通幽园，来接我和烟儿去半野堂。

我梳了一个高高的流云髻，用白玉簪子绾起，一袭锦绣天蓝色的长袍，脖子后面还斜插着一把纸扇，这是时下年轻公子最流行的打扮，对着镜子一照，我这么打扮起来倒也显得落落大方、风流倜傥。

轿子行了一段路，我一掀轿子的卷帘，看见外面下起了蒙蒙细雨，空气里散发着一阵青草香味，半山露露的半野堂，更显得格外的清新雅致。

我一走出轿子，便见到昨日的管家赶紧迎上来，满脸笑盈盈，态度也是极其的谦和，跟之前的冷漠千差万别。

"小姐，你……"想来前几日在尚湖边他早已见我着女装披散头发的样子，今日又见我的公子扮相，已经不能辨我是雌雄。

我朝他做了个噤声的手势，"快点带我去见你家老爷吧。"

"好，公子这边请……"我跟着管家往半野堂里面走，穿过半野堂，眼前的风景让人豁然开朗。

迷蒙间闻到一阵馥郁的甜香，累累初绽的花朵如雪花般，带着些许的绯红，微微透明，莹然生光，回廊的尽头便是用白玉石头堆砌起来的一汪池水，树木葱茏，繁花似锦，几间玲珑的亭台楼阁，红墙黄瓦，清风阵阵拂来，池水荡起阵阵的涟漪，果然别有洞天。

穿过内堂一直往里走，便看到"半野堂"三个大字，写得苍茫个性，却也不失大家的风范，想来便是钱学士的字。

"公子先等一会儿，我这就去禀报我家老爷。"说完，管家就退了下去。

半野堂相当的僻静，堂前有两株巨大的西府海棠，正堂的右侧种了一排桂树，若到秋天花一开，定然是人间美景。房内收拾得古色古香，古琴一把，只是无弦，顿生些奇怪之感。紫檀木的雕花屏风，上面绣着古代仕女图，蟠龙宝座、香几、宫扇，整个会客房散发着极其浓郁的书卷气，一看便知主人是个极有涵养之人。

"柳姑娘，老夫有失远迎。"还未见到钱学士的身影就先听到了他洪亮的声音。

"钱学士的'半野堂'果然风景旖旎，今日柳隐一见，果然是人间仙境啊。"

"锦瑟无端五十弦，河东之水向东流，洛阳女儿名莫愁，莫愁十三，如是以后我就叫你河东君吧，见了你真是一扫我心头的烦忧啊。"钱学士哈哈大笑起来。

"那不如我为钱学士抚琴一首吧，只是你这古琴，为何没有琴弦呢？"

"钟子期遇俞伯牙，两人相见恨晚，一曲高山流水更是让人魂牵梦萦。老夫自喻俞伯牙，遇不见钟子期，留下琴弦又有何用？素闻河东君琴技高超，能招来百鸟与山雀，今日一定要为老夫献上一曲。"说着便从袖口处掏出一个纸包，"河东君，请续上琴弦。"

我轻轻地叹了口气，"钱学士只是看到旧琴短了弦就想给续上，却未曾想到续上之后它响起的仍旧是古调啊。"我轻轻地接过琴弦，一根根的接上，又用手帕擦拭了银甲，一切准备就绪之后，便信手弹起来。

碧云芳草，极目平川绣。翡翠点寒塘，雨霏微、淡黄杨柳。

玉轮声断，罗袜印花阴，桃花透。

梨花瘦，遍试纤纤手。

去年此日，小苑重回首。晕薄酒阑时，掷春心、暗垂红袖。

韶光一样，好梦已天涯，斜阳候。

黄昏又，人落东风后。

这是子龙之前写给我的词《蓦山溪·寒食》，清澈的湖水上也染上了些淡淡的忧伤，寒柳在默默地低吟自己的寂寞与哀愁，这些谁又能懂？

"钱某懂矣。"他亦满脸的忧愁。

"不，钱学士，你看到的只是古琴续上了弦，却不知古琴仍然在低鸣着旧音。"我看着钱学士欲言又止的样子，他的心迹我怎么会不懂，只是，我的心里仍然有子龙的影像，所以，我只有婉言相拒。

"与河东君共赏倚梅园，是老夫今生的荣幸，今日河东君来老夫的府上，老夫送首诗给你吧。冰心玉色正含愁，寒日多情照红楼……"钱学士低吟起一首诗来。

我听了大为震惊，他在明确了我对子龙仍有牵绊之情的时候，仍旧表示理解并再次表明了自己的爱慕之情，这种宽厚胸怀着实让我感动，我又想起了无赖谢三宾的种种劣行，这才是君子所为。

"既然钱学士赋诗与我，我定要回赠一首，以表礼尚往来之情。"我思索起来，半晌看见桌上的笔和纸，肆意泼墨挥洒起来。

> 河东君次韵奉答
> 谁家乐府唱无愁，
> 望断浮云西北楼。
> ……

"别人以小李杜来赞誉我，我觉得河东君才是真正的李杜在世，老夫佩服佩服。"他满脸的欣喜，像是发现了一块玉石一般。

"河东君，你长久住在嘉燧老先生那里也不是办法啊，倒不如搬来我这半野堂……"我着实没有想到钱学士会提出这样的要求来。

"这，不太合适。"我直接拒绝起来，我想起了曾经和子龙住在小红楼的甜蜜往事，又是同样的场景在上演，这像是一盆冷水，一下子就把我浇醒了。难道又要不明不白地住在一起，到最后又是人去楼空的结局吗？我心里一阵感慨，千万不可以再重蹈覆辙，我告诉自己，我左右的徘徊，在我未思索清楚之前，我们只能是文友。

"谁？"我扭过头去，想看看外面的阳光，好让自己的头脑清醒下来，忽然看见窗户边上有一个人影，便大喝一声，钱翁赶紧追出去。

想来这钱府中也不太平，我只是以文友的身份来拜访钱学士，便早已有人盯上了我，我不禁一声叹息，一想起之前子龙夫人大闹小红楼的场景，我不寒而栗。

"没事……只是一只野猫。"须臾，钱谦益便回来了，神色有些不自然。

"那柳隐今日就此拜别，改日再访。"看到钱谦益不自然的表情，我瞬间明白了些什么，便起身告退。

"好，我让管家送你回去，改日一定要再来半野堂，老夫有个大礼要赠予你。"

"好，那我们改日再见。"

说完这些我便起身告退，又是一阵鸟语花香，只是心境早已不同于来半野堂之前，钱谦益的意思我又怎会不知，"续弦"之意表现得那么明显，只是，这次我要好好地思量一番，最关键的是，四年已过，子龙的影子仍旧时时在我梦里出现。

接下来的半月，我在嘉燧老先生的府上过得倒也依怡然自得，天气渐渐地暖和起来，再去倚梅园，曾经火红的花瓣早已凋零，我不禁有些伤感，但随着天气的变暖，更多的花盛开起来，不觉间，春天来了。

某日的午后，才睡过午觉，犹自带些慵懒之意，烟儿来禀报，说钱学士派了两乘肩舆来接我去半野堂，想来也没有什么大事，见见钱学士聊聊诗词歌赋也是极好的。

半月不见，半野堂的花开得更茂盛了，千条万条绿玉丝绦随风轻摆，今日我着女装，还穿了一双平日闲时自己绣的软缎绣花鞋，极浅的烟霞色夹丝金线，走起路来极舒适，还半随着微微的铃声，步步生莲。

这次钱学士直接在半野堂的厢房外面等我，一见到我，便满脸的欣喜之情，"河东君！"我脸颊有些微红。

"今日，我要送你一件大礼，河东君快跟我走。"钱谦益掩饰不住满脸的兴奋，说着便转身走开，我跟在后面，不知道他葫芦里卖的什么药，一脸的诧异，大礼？会是什么样的大礼？我不得而知。

第四节 "我闻室"前诉衷情

钱学士一直带着我和烟儿往前走，在距离半野堂不远处，有一个船帆形状的建筑，建筑前面全是盛开的百花，尤其是那一朵朵的九里香，美好而纯洁，整个建筑像是停泊在那里，亦静亦动，春光如画，风吹荷香，建筑物前有一个秋千，紫藤缠绕，杜若繁生，彩霞满天，所有的一切如诗画般，小巧玲珑，雅致大方，看得我不禁有些怔怔地发呆。

"河东君，我知道你素来喜欢在船舫上赋诗弹琴，我就按照船舫的样子，为你建造了一室。"钱谦益的眼睛炯炯有神。

"这……"不可否认，我很感动，数年的漂泊，我渴望安定，而这个男人读懂了我想要的，他知道我想要一份稳定而恬静的生活。

"河东君，这是老夫的一片心意，你千万不要拒绝，我还给它取了一个名字。"

"叫隐庐吗？"我玩笑般问道。

"不，我给它取了一个别致的名字，叫'我闻室'，河东君觉得怎样？"钱谦益半眯着眼睛，笑意盈盈。

"佛语曰'如是我闻'，钱学士是把在下的名字与房子的名字连起来，妙哉。"我的心里忽然一阵暖暖的，只是我还是有些顾虑。

"那落成之日，河东君就搬过来住吧。"看着他满脸的深情，我忽然有些不忍心拒绝。

"再容我考虑一下吧……"

"好，河东君，无论多久我都等你。"我默默转身离开，我实在是不忍心看钱谦益那张黯然神伤的脸，一阵风吹来，花瓣簌簌地往下落，像是一场落花雨，翩然而至。

"小姐，我看钱老爷说得很对，钱老爷为你筑'我闻室'，而你老惦记陈公子有什么用，把自己的大好青春都浪费掉了……"烟儿忽然意识到自己说错了什么，瞬间声音戛然而止。

"小姐，对不起……"烟儿满脸通红。

"或许你说的是对的……"回到嘉燧老先生那里，我整个人觉得矛盾极了，在床上辗转反侧难以入睡。这几日来，钱学士那张黑红的脸和充满爱的眼神常常出现在我的脑海中，可是我又下不了决心，那颗渴望结束飘零的心常常告诉我，钱谦益是认真的，他是一个值得托付终身的男子。

就这样在矛盾中过了一刁，钱谦益的信一封接一封，像是纷至沓来的雪片，终于撼动了我那颗不可动摇的心，嘉燧老先生跟钱谦益是故交，也极力撮合我跟他，钱谦益的真诚终于打动了我，我觉得应该搬去"我闻室了。"

"我闻室"落成的这一天，天气格外的明媚，还是老管家来接我，下了轿子，我看他长得机灵，便随口问了问钱府的情况，毕竟要嫁与钱谦益，有些事情还是要了解的。

"管家姓李是吗？以后有什么事情，还要多多麻烦李管家了。"说着便向他作揖。

"使不得……使不得……之前我多有得罪，还望小姐不要在意。"他满脸的紧张。

"没事……"

李管家人很热情，稍稍勺给我介绍了下钱府的情况，我心里大致有了一个了解。钱谦益有三房太太，原配陈氏吃斋念佛，基本不管事情，二太太王姨太不讨钱谦益的欢喜，被送回了娘家，还有一个三姨太杜氏，虞山的城东有几处钱府的别墅，是钱家的老宅子，城西有个拂水山庄，是钱氏家族的坟庄。

"烟儿，快拿我那个狼毫笔送给李管家，好让李管家多练练书法……"说了这么多，我觉得应该有些表示，便想起随身携带的那支狼毫笔来。

"多谢柳姑娘，多谢多谢……"李管家不住地道谢。

"我闻室"前的花开得愈发的艳丽了，钱谦益站在我闻室前，风流倜傥，一看到我便疾呼一声，"河东君……"我脸上一阵潮红，幸福感袭来。

我和钱谦益在我闻室的书斋里面坐下，一个侍女端上来香茶和茶点，我便闻到了淡淡的奇香，但是却让人神清气爽。

"钱学士，这是什么茶，好香的味道呀。"

"哈哈，这茶叫云里香，长在悬崖上，只有采药之人才能采到，我一直舍不得独享，今日河东君入住我闻室，我便拿出来与河东君共享。"说起这个，钱谦益的脸上有些得意之色。

"那我可真是受之有愧啊……"我忽然注意到身边的侍女，她端完茶水和糕点，完全没有要离开的意思，一动不动地站在那里，我忽然间明白了些什么。我仔细地端详起她来，白净的皮肤，大大的眼睛透露着些灵气。

"姑娘，你叫什么名字？"我询问道。

"我叫阿碧……"她忽然脸一阵红，钱谦益似乎也注意到了什么。

"好了，阿碧，你先下去吧，我有事情会叫你的。"

"是，老爷……"我看了阿碧一眼，她的脸有些不自然的为难。

"这糕点是贱妾亲自为你准备的，你快点尝尝吧。"钱谦益忽然没头没脑地说了这么一句，我忽然有点不知道他特意强调这个意思，是为了凸显杜姨娘的大方与贤德吗？他这么一解释，倒有些此地无银三百两的意思了，我什么也没说，拿起一块糕点来，果然是外酥里脆，入口即化。

"夫人果然贤德。"钱谦益的脸上露出了一个微笑，我不知道这个笑里面包含着什么。俩人许久未说话，时间像是定住了一般。

"河东君，我求你嫁予老夫。"须臾，他忽然说了这么一句。

"我曾经发过一个毒誓，一定要以正妻礼仪来娶我，再也不愿做姬妾，你可以做到吗？"说完，我便看到钱谦益的脸上露出了为难之色，我忽然有点失望。

"好，老夫答应你，以匹嫡之礼来迎娶河东君，你觉得怎样？"他的眼睛忽然散发出坚毅的光芒，那是我从未见到过的坚定，一下子便击中了我，这种坚定是我之前在所有的男人身上所没有见到过的，包括子龙，我忽然有些感动。

他深情地注视着我，我被看得不好意思，他把手放在我的手上，带着些温度，我们相拥在一起。

来钱府的一些时日之后，我渐渐地了解了钱家的一些情况，表面的祥和下，也藏着很多的不为人知的事情。钱夫人陈氏之前受杜姨太的欺负，后来一心向佛，在家里养了个尼姑，每日吃斋念佛，不理外界的琐事。杜姨娘表面的温柔贤德下隐藏着一颗深不可测的心，据说，二太太王姨太离开钱府，就跟杜姨太有着莫大的关系。进陈府之后，我一直礼待身边的下人，对身边的人态度温和，对两房太太也是极其彬彬有礼，常常花时间去拜访两位太太。

我既然答应嫁与钱谦益，必然要为自己以后的人生考虑，我早已深知妻妾们的厉害，宋氏大闹小红楼的场景仍旧历历在目，想起这些我便心有余悸，我承认自己有点刻意地讨好她们，如果妻妾们反对谦益娶我，他一意孤行的话，最终她们也会处处敌对我，我只想要一份安静而平和的生活，我厌倦了流浪鱼漂泊，我的心或许只有谦益理解吧。

只是，让我没想到的是，我的礼待并没有得到她们的理解，她们正在酝酿一场巨大的阴谋。

第五节　计驱城南柳

来钱府小半月，每日在谦益的藏书楼里读书、练字，倒也过得清闲。

彼时春暖花开，我闺室下的朱漆镂花窗半开着，一阵和煦的暖风吹过，带来阵阵花香，清淡闲逸，像是母亲的手，轻抚着面庞。离窗边不远处的木兰床上，半卷半闭的帷幕，被风带得微微吹起，一瞬间，倒像是置身于海市蜃楼当中来。而窗外的九里香，飘落如雨，乱红飞过秋千去，映着若即若离的帷幕，光影迷离如烟。

"河东君，马上就是清明，想来拂水山庄的奇花也开得差不多了，你可愿意与我同去？"谦益这么一说，我才想起来，这祭拜祖冢的日子马上就要到了，只是我作为一个未过门的妻子，陪谦益去祭拜祖坟，实在是有些不妥。

"这……我十分想去，只是，这是钱氏的祖冢，我去实在是不合适。"我说道。

"你就当去看花，我们不拜祖冢。"钱谦益说完这些，忽然觉得有些不合适，便补充道，"这样吧，我初一先去看看那里的花开得怎样了，初二我再回来接你便可。"

之前素闻拂水山庄风景美丽，真是很想去体验下那照野拂衣如白雾，香雪浮动月黄昏的如幻似梦的意境，既然谦益已经做好了打算，我也不好再推辞。

"好，那你先去看看，若是景色宜人，我便再去。"

本以为拂水山庄之行就这么定下来了，却在钱谦益准备去拂水山庄的前两天，发生了一件极其诡异的事情。

那一日的正午，我正与钱谦益切磋棋艺，钱谦益八岁的儿子钱孙爱忽然跑过来，身后还跟着杜姨娘和小厮阿贵。只见钱孙爱拉着钱谦益的衣角，大声说，"爹爹，爹爹，我看见公公、太公公们了！"

听到这些，我看到钱谦益的脸立马变了颜色，瞪着一双惊愕的眼睛，"你说什么？"他放下黑色的棋子，看了我一眼，便把儿子抱在膝上。

"回禀老爷，昨日我带少爷在荣木楼旁玩耍，忽然看到几个穿着太公帽、身穿红色袍子的人，他们对着少爷喊'我是你公公、太公公等，告诉你爹爹，赶紧驱走城南之柳，这乃尔等之福。'说完这些他们就走了，所以刚才少爷说，见到公公、太公公了。"阿贵一口气说了这么多。

我的心忽然一惊，我知道谦益素闻迷信童言，我忽然想起一件事情来。

之前听嘉燧老先生说过，钱谦益是一个极度信奉童言的人，那还是天启年间的时候，钱谦益因为东林事发，被削职归田，等待朝廷的处置，整个人惶惶度日。忽然有一天，他的头子发高烧，躺在病床上对他说，"爹爹勿慌，明年新皇帝好。"钱谦益随口问，"你怎么知道？"头子说，"我从影子上看到了，公公们都穿上了新的朝服，在朝拜新皇帝呢。"本以为是儿子发烧的一句戏言，没想到第二年春天一到，崇祯皇帝就登基即位，新皇帝一登基，便把钱谦益升为礼部侍郎，官至正三品，从此之后，钱谦益对童言直说就极其信任。

看着他的脸慢慢变得铁青，抱着儿子的手有些微微的颤抖，这句话已经意思很明显了，我本姓杨，这个城南之柳便是我，这是要把我驱逐出钱府的意思，想到这些，我内心惊颤不已，但我努力地让自己保持平静，我抬头的时候，看见了杜姨娘那张似笑非笑的脸，我瞬间幡然醒悟。

我看着钱谦益，他轻轻地放下儿子，说了一声"你们都先下去吧，"他意味深长地看了我一眼，我一句话都没说，似乎早已习惯了种种欺骗与陷害，只是没想到她们用这样的手段来驱逐我。

"柳姑娘，这祖宗之命不可违啊。"从厢房出来，杜姨娘的话里有明显的挑衅之意，"看来，这我闺室，柳姑娘是住不了几天了。"我只是看了她那张浓妆艳抹的脸一眼，便转身继续前行，身后传来杜姨娘尖细的笑声。

整个心是那样的痛，几乎刀绞般，苦索在我的肠中抽刺，我不知道我究竟做错了什么，我只是渴望一份安逸，我痛苦地闭上了眼睛。

令我没想到的是，第二日，钱谦益像是什么都没有发生一般，依旧满眼的微笑与柔情蜜意，他继续笑着跟我商量拂水山庄之行，只是只字不提昨日发生的事儿，我不知道那日的钱谦益做了怎样的思想斗争，他放弃了自己的封建迷信，依旧选择爱我，这怎能不让我感动？我写了一首诗给他。

> 裁红晕碧泪漫漫，
> 南国春来正薄寒。
> 此去柳花如梦里，
> 向来烟月是愁端。
> 画堂消息何人晓，
> 翠帐容颜独自看。
> 珍重君家兰桂室，
> 东风次取一凭阑。

春日我闻室作，呈牧翁

我用华丽的辞藻，真挚的情感表达了我对钱翁的真挚情感，他看后激动地拉着我的手，满脸通红地说，"河东君……"，眼睛里面全是真诚。

"河东君，你说的'梦里'、'愁端'指的是什么事情，你说的我都懂，我愿意用我一生来爱你。"

清明这天，下起了霏霏的小雨，钱谦益一大早就带儿子偕仆人去拂水山庄祭拜祖坟，我一人在我闻室实在无聊，便画了一幅美人仕图，一幅画刚刚落笔，钱谦益便回来了，手里还拿着一捧花束，一进门便唤我来看。

"河东君，快点来看，我从拂水山庄给你带来的花。"我赶紧放下手里的画笔，跑出来迎接他。

"这个时节的拂水山庄太美了，明儿个我们就去……"钱谦益看起来很兴奋的样子，我接过花束，星星点点的花，含苞待放。

"河东君，你一定会喜欢的……"谦益口中喃喃。

第二日一早，我便和钱谦益还有管家们一起去拂水山庄，一下马车，便一阵山风吹来，身上就有些凉津津的湿。苍茫的暮色里一层淡淡的雾霭，显得四边的山色有些微微暗沉，在不远处有一棵高大挺拔的松树，远处的山上传来阵阵古刹声，晨钟暮鼓，香烟袅袅，想来也不过如此。

"河东君，我们先去秋水阁看看吧。"钱谦益说道。

跟着钱谦益一路向北走，便来到了秋水阁，登上了花信楼，我和钱谦益手扶雕栏远眺，整个拂水山庄尽收眼底，整个拂水山庄树木葱茏，云霭雾霭，甘露淋漓，到处是星星点点的花朵，山色水色局势苍茫，我看着这一切的美好，所有的东西都在虚无缥缈间，我忽然觉得有些不真实感。

"要是能一辈子远离是非，过这种安宁的日子就好了。"我不禁开口说道。

"等我们成婚之后，我们两个就归隐山林，过神仙眷侣的生活，河东君，你说好不好？"我半晌没有回答，只是浅浅的一笑，归隐山林固然好，可是如今的大明江山摇摇欲坠，我们还有山林可归隐吗？想到这些，我的心竟有些微微的酸痛。

我和谦益饮酒对诗，我们在花海中静静地依偎在一起，清香滚滚，给人一种宁谧、幽静之感，春天的味道被留在桃花、李花、杏花的枝头上。忽然，钱谦益瞅准了几支开得正艳的花朵，纵身向上一跃，像年轻的小伙子一般，在树枝上打了个千儿，然后摘了几朵娇艳欲滴的花朵给我。

管家钱五吓得在旁边大喊，"老爷小心，我来，我来……"

钱谦益瞪了他一眼，然后做了一个后退的手势，我不禁莞尔一笑，心里涌起一阵幸福感。

第五章

夫君本志期家桨，贱妾宁辞学归衲

旧时心事，说著两眉羞。长记得、凭肩游。缃裙罗袜桃花岸，薄衫轻扇杏花楼。几番行，几番醉，几番留。也谁料、春风吹已断。又谁料、朝云飞亦散。天易老，恨难酬。蜂儿不解知人苦，燕儿不解说人愁。旧悽怀，涉不尽，几时休。

第一节　匹嫡之礼，河东君嫁钱翁

这一年的春天，九里香开得格外的艳。

柳絮飞扬漫天，我常常穿着钱翁为我精心裁制的衣裳在春风中荡秋千，这个时候的谦益总是在一旁默默地看着，含笑不语。我相信这一刻的钱益谦是坚定的，他说世间所有的荣华富贵都无法与我相匹敌。

他说他爱我的笑，爱我在他面前绽放的容颜，当所有的咒骂声袭来的时候，我感激他，他默默地选择站在我身前，用他不再年轻的身体，为我抵挡一切的流言蜚语。谦益说，他不能放弃我，没有我他的世界也会变得黑暗，我们的国家已经让他丧失了信念，他不能再失去自己迟暮之年而来的爱情。

我跟很多的待嫁的女子一样，潜心准备合卺大礼。这一年我刚刚满23岁，在经历了小妾、歌姬、两次失败的恋爱后，我感谢老天，让我终于获得了属于自己的爱情。

婚礼的前一月，却发生了一件事情，让我气愤不已。媒婆说，我不能在白天出嫁，夜里的时候花轿会来接我。听到这些，我哪里肯依，一下就从床上坐起来，刚刚要试的衣服一下子掉到地上，我大喊"我不甘心，我就要白天出嫁"！我心里觉得委屈极了，为什么别的女子可以风风光光地嫁出去，而我却像黑夜的老鼠一般，难道就因为我是青楼女子的身份？

正当气氛僵硬的时候，钱谦益进来了。我因为生气，一言不发，咬着嘴唇瞪着眼睛看他。他什么都没说，一抬手示意让丫鬟们和媒婆出去，他关上门，捡起滑落在地上的衣服，轻轻地披到我的肩头，一下揽我入怀，轻拍我的后背，说，"傻姑娘，我怎么舍得让你受委屈。"听到这一句，我的眼泪瞬间滑落到新衣上，打湿了盛开的娇艳牡丹。

出嫁的前一夜，我激动得彻夜未眠，徐佛姐一直陪着我，拉着我的手看了又看，我们说起了从前在归家院的日子，那个时候她常常陪我在梨树下吊嗓子，杨柳杨花皆可恨，相思无奈雨丝丝，只是一切都回不去了。

第二天天还未亮，丫鬟烟儿便开始为我梳洗，换上凤冠霞帔。我对着镜子看着眼前的自己，红袄罗裙穿在身上美极了，唇红齿白朱唇微启，新衣上的牡丹开得格外的艳丽，就像我此刻的心情。绣着龙凤呈祥图案的红锦上赫然有一树连理而生的桃花。灿若云霞，灼艳辉煌。徐佛姐为我盖上盖头，艳则艳矣，贵亦无匹，找到一个懂你的人足矣。

外面一片吵闹声，我心想是谁这么大声嚷嚷，细听原来是杜姨娘，杜姨娘带着几个老女人来了，我顿感不妙，这个女人来，肯定没什么好事，难道是要破坏我的婚宴？我拿下盖头来，我对她之前唆使钱夫人破坏我和谦益的事情到现在仍然耿耿于怀。

"吆，恭喜啊。"大老远便听到了杜姨娘尖细的声音，伴随着一股恶香味，徐姨娘也出现在我的视线里。

"青楼出身就是妓女，扶正了也是妓女。"杜姨娘一上来就出口恶言，徐佛姐马上出来为我解围，"这总比有些人好多了，一辈子只能当个妾，如是好歹是妻，比你高贵多了。"徐佛姐此言一出，杜姨娘马上跳起脚来，摔了我旁边的一个杯子，眼看撒泼打滚的本事又要使出来，忽然传来一声厉喝。

"住手！"

我一抬头，看见谦益进来，今天的他看起来年轻了些许，一身红袍加身，跟我的凤冠华服相得益彰。看见他出现，犹如一丝温暖的阳光。

"今天是我和河东君大喜的日子，我不允许任何人来破坏。"钱谦益看了杜姨娘一眼，杜姨娘音谙又升高起来，"老爷，你这样做让夫人多难堪，一个青楼女子……"杜姨娘还未说完，谦益已经拉过我的手，越过人群一直向河边走去。

本以为是花轿来接，可我什么都没有说，他牵着我走过重重的人群，我觉得此刻的我幸福极了，我一句话都未讲，可我知道，此刻的自己定是笑靥如花。仿佛整个世界只有我俩人，周围的谩骂声和窃窃私语声，不用听我都知道他们在讲些什么，无非是"亵朝廷之名器，伤士大夫之传统"这些仁义道德。奇怪的是我都自动屏蔽掉了，此刻的我眼睛里面只有钱谦益，这个即将成为我丈夫的男子，让那些伪君子说去吧。

到了河边，我看见一艘彩舫，彩舫上张灯结彩，精雕细琢的镂空花式图案，似精巧别致的殿宇亭台，古意盎然，在红红翠翠中格外有情致。两岸浓荫迎地，香花藤萝开之不尽，清风拂过碧水柔波中层层片片的青萍之末，涟漪微动似心湖泛波。

谦益看着我，满眼的真诚。"如是，这便是我为我们大喜所造的婚船，我要带着你绕着护城河游一圈，告诉所有人，从今天起，你便是我钱谦益明媒正娶的夫人了，你喜欢吗？"我忙点头，"喜欢，喜欢。"谦益扶我到船上，湖水顿起一波涟漪。

我想我这一辈子都忘记不了这天的阳光，那么明媚又那么温暖。崇祯十四年六月的夏天，我终于披上了红盖头。就像谦益说的那样，我一点委屈都没受到，我是风风光光地嫁出去的。

我和谦益相互依偎在船舫上，琼楼玉宇，栋梁光华、照耀瑞彩，岸上的人越聚越多，谩骂声此起彼伏，我和谦益相视一笑。

"你不怕，我出身青楼，辱没门规？"

"你不怕，庭院深深，家族是非？"

"你不怕，世道险恶，人言可畏？"

"我不怕。"

这三句问出来，我的眼泪跟着滑落下来，我知道这是幸福的味道。

忽然船摇了一下，不知道是谁朝花船上丢什么东西，紧接着我看到鸡蛋、菜叶等纷纷向船上丢过来。

"河东君，你有没有觉得我们像《三国志》里面讲的草船借箭啊，你我便是诸葛孔明，我们满载一船星辉驶向我们幸福的未来。"听他这么一说，我被逗乐了。"我们满载的是一船臭鸡蛋和白菜叶子。"

"是啊，这么美妙的时刻，我好想赋诗一首纪念一下啊。买回世上千金笑，送尽平生百岁忧。夫人你觉得怎样？"谦益快乐得像个小孩子。

"夫人，以后你什么都不用做，每天听风看云看太阳就好了。你爱我什么？我爱你乌般头发雪个肉。"

"我爱你雪般头发乌个肉。"我回应起来，我们被彼此逗得哈哈大笑起来。

我从来没有像现在这样的安心过，我是钱夫人，是钱谦益明媒正娶的妻子。不可否认，绕城一周让我获得了极大的心理满足感，我欣赏谦益的勇气，欣赏他的才华，爱他用生命维护我。

　　一下船，我便自己抛下盖头，赤着脚丫快乐地奔向我们的"我闻室"，周围全是咒骂与苛责声，我们完全不理会，旁若无人。

　　桐花万里路，连朝语不息，从今天起，彼此约定，厮守终生。

第二节　杜姨娘的步步紧逼

　　月色样子的灯光下，湖蓝色的灯纱下散发出别样温暖的光，我沉醉在新婚的甜蜜中，我闻室依旧是简单的古色古香调，但是因为我和谦益大婚的原因，多了几个大红色的"喜"字，我闻室外面挂着两个火红的灯笼，整个房间显得格外的温馨，一整天，钱谦益都陪在我身边，傍晚时分，几位谦益的好友来探望他，我便给他们留了独处的时间，一个人在我闻室，看看书打发下无聊的时间。

　　忽然，不知哪里传来一阵哭泣声和打骂声，在夜色中显得格外的凄惨。

　　"烟儿，烟儿，你过来陪我出去看看，是谁在外面哭泣……"我披了件外衣，便跟烟儿循着声音去探望起来。

　　忽然发现一个人手里举着一大块石头，高高地举过头顶，走近了才发现，这不是杜姨娘的贴身侍女阿碧吗？只见她披头散发，脸色蜡黄，脸上还有些累累的伤痕，在低声地缀泣。

　　"阿碧，怎么是你？你怎么在这里？"我询问道，"快点放下来，你做错什么了？"

　　"阿碧不敢，不敢……"只见她的双手在明显地颤抖，我好担心石头掉下来会砸伤到她。

　　"快告诉我们家小姐，到底怎么了？我们家小姐会为你做主的。"烟儿也随声附和道。

　　"柳夫人……我家姨奶奶做了一堆你的小草人，上面写了你的生辰八字，要我以示忠心，拿针扎小人，阿碧不做，夫人便说我对她不忠心，打骂我还罚我跪在这里……"阿碧一边哭一边说，我听不下去了。

　　"阿碧，你快起来！哪有这么恶毒的主子！"烟儿说着，便走向阿碧，把她手里的石头一把推开，石头落在坚硬的地板上发出一声巨响。

"吆，我当是谁呢？原来是秦淮河畔的柳小姐，我在这教训下人，不碍您事儿吧。"正在这时杜姨娘扭着她的水蛇腰出来了，手里还拿着一把摇扇。

"烟儿，快把我这个簪子送给杜姐姐，作为我进钱家的礼物。"我不想直接与杜姨娘针锋相对，便示意烟儿把我头上的发簪拿下来送给杜姨娘。

杜姨娘斜眼看了一下，然后说，"柳夫人？我只知道我们府上来了一位秦淮河的流妓叫柳小姐，说起夫人，这钱府只有一位钱夫人，何时又来了一位柳夫人？"杜姨娘步步紧逼，句句恶毒。

"小贱人，把石头给老娘举起来！"杜姨娘忽然厉声一喝。只见阿碧哆哆嗦嗦地努力想把石头举至头顶，努力了半天，最后人和石头一起摔倒在地上。

"举个石头都做不好，还能做些什么！阿秀帮她把石头顶起来！"杜姨娘看阿碧摔倒，让身边的另一个丫鬟帮忙。

我恨得牙痒痒，从未见过这么恶毒的悍妇，手指的关节因为用力而嘎嘎作响，但是我努力地对自己说，要让自己平静下来，我不能让谦益在中间为难。

"杜姨娘，都是可怜人，还是应该善待下人的……"我希望杜姨娘能够听下去，大家同是姬妾，有些地方我也很理解她。

"你说什么？老娘管教自己的下人，关你们什么事，你越护着这丫头，老娘越要打死她！"说完两个巴掌打过去，阿碧的嘴角渗出些血水来。

"都给我住手！"忽然一声巨喝，我一回头，是谦益来了，月光下的他脸色铁青，仿佛是在青石上面镀了层灰白的光，非常难看。

"老爷……"杜姨娘一看是钱谦益，瞬间换上了一副温柔而虚假的笑意。

"你们这是在闹什么！阿碧怎么了！成何体统！"

"老爷，杜姨娘扎小人诅咒我家小姐……阿碧不扎，杜姨娘就让她举了大半天的石头……"烟儿一股脑的全部说出来。

"你这个小蹄子在乱说什么？看我不撕烂你的嘴！"杜姨娘说着便朝烟儿扑过来。

"住手！你眼里还有没有我！"钱谦益几近咆哮。

"老爷息怒……"我很担心他的身体，走上前去劝慰道。

"河东君，没你什么事情，你先回房休息，我今天一定要好好地教训下这个悍妇！"钱谦益说着便走向杜姨娘。

"你过来！"钱谦益指着杜姨娘，眼睛里面散发着一道寒光，"你把这个石头举起来！"

"这……"我看到杜姨娘的脸闪过一丝惊恐，但几秒钟的时间，她撒泼打滚的本事便显现出来。

"好，老头儿，我给你生儿子，伺候你这么多年，这个狐狸精刚一进门，你就这样对待我……我不活了，我要拉着少爷一同去死！"然后一屁股坐在地上嚎啕大哭，撒泼打滚极尽之能事，杜姨娘是钱谦益爱子钱孙爱的生身之母，这是在威胁钱谦益。

"好，你这样虐待下人，阿碧不是父母养的吗？从今天起，阿碧你以后跟着柳夫人！"

"多谢老爷，多谢老爷……"阿碧立刻磕头谢恩。

"好，你个狐狸精！抢了老娘的男人，连一个下人都不肯放过，看我不砍死你！"说完这些，杜姨娘跑回屋里，拿出一个草扎的小人，手里拿着一把刀哐哐两刀就剁下去！整个场面极其混乱。

"你个妒妇！从今天起，滚回你的杜府，钱府没有你这号人！"钱谦益气得嘴唇直哆嗦，声音也失去了控制，咆哮出这几个字来！

一瞬间都安静了，杜姨娘停下疯狂的行为瘫坐在地上，像是被人打了一记闷棍。

我跟在钱谦益的后面进了厢房，钱谦益的身体不住地颤抖。

"老爷，别气了，别气了，把身体气坏了怎么办？"

"这个女人就是平时宠坏了，才闹出这样的一幕，河东君，你受委屈了……"钱谦益看着我。

"老爷，我跪求你收回成命，不要把杜姨娘赶走，你要是不答应，我就不起来！"我一下子跪在地上。

"这……不赶走这妒妇，实在是不足以解我心头之恨！"钱谦益似乎还沉浸在刚才的气愤中。

"老爷你听我说，这杜姨娘是做得有些过分，这件事情毕竟因我而起，若杜姨娘再因我而离开钱府，你让我以后如何在钱府立足？再者你想想杜姨娘这十几年来对你的情分，想想才十二岁的孙爱少爷，你舍得让孙爱少爷母子分离吗？"我跪在地上一字一句地说。

"这……"我知道钱谦益动摇了，眼睛里面闪过一丝的温柔，或许他想起了曾经跟杜姨娘一起的日子，末了，他拉起我的手，扶我起来。

"罢了，罢了，河东君，你就是菩萨心肠啊。"说完一把拉我入怀。

"河东君先替杜姨娘谢谢老爷了。"说完，我便拿起一个徽梨，亲手剥去细而薄的皮，递到钱谦益的手中。

"你这个善良的小菩萨，这次看在你的面子上，我就饶了那个妒妇，不过，也不能这么便宜了她，罚她禁足三个月吧。"我长吁了一口气。

杜姨娘总算是没有被驱逐出钱府，只是罚她禁足半月，我也松了一口气，我深知杜姨娘在钱府呆了近二一年，还是有一定的地位的，如果因我而被逐出钱府，势必会引起钱府上下的大乱，从另一方面来说，我又是很同情杜姨娘的，这也是个可怜的女人，她爱谦益，而我的介入，破坏了她的梦，我本身就存在着些愧疚之情。

都说一入侯门深似海，这钱府又怎不是水深火热呢？

第三节　绛云楼之梦

不觉间，我闻室堂前的桂花开了，香气四溢，我坐在我闻室里，在临摹一副碑帖，厅上随意地摆着几件古玩，皆是玲珑小巧，壁间挂着一幅唐代周舫的《簪花仕女图》，左边一排书架上全是装订考究的古书籍，带着淡淡的墨香，转眼间，我进钱府已经三个多月了。

忽然谦益进来，垂头丧气的样子，忧心忡忡，我抓紧放下手里的毛笔去迎接，"哎呀，我的大学士，又是什么事情让你这么垂头丧气呀！"

"唉，都是一些琐事，还是不要让夫人忧心了。"

"没事，跟我说说吧。"我继续追问道。

"我之前不是跟夫人商量要建一个小楼，来做藏书用吗？可是今日我去找大管家李思横商议建楼的资金，却发现府上的财务漏洞百出，连修建一个小楼的钱都拿不出来，我埋怨自己长期的不搭理府上的财政，完全放手让别人去管，而现在儿子孙爱还小，我痛恨自己，让那些有心计的人有机可乘了。"钱谦益边说边叹气。

"夫君，你忘了你还有一个值得信赖的人？"我边说边朝他眨眨眼睛。

"河东君，你……"他的脸上流出欣喜之情，"我只知道你文采斐然，却没想到还有独特的理财能力啊，河东君，你总是让我欣喜。"

"要是老爷信得过我，我保证三个月内让钱府做到财政上收支平衡。"我向钱谦益保证。

"好，河东君，老夫完全信得过你，只是不要太辛苦。"谦益爱怜地看着我。

钱府的账不查不知道，一查果然是一笔烂账，支出含含糊糊，漏洞百出，想来这几年是便宜了很多有小心眼的人。

　　我参照唐代魏征谏唐太宗的十谏来治理钱府，先是从我闻室开始，削减不必要的开支，然后制定了一系列收支明细，以后钱府的每一项支出预收入我都要亲自过目，然后对整个钱府的人员进行了精简与整顿，把那些具有极强能力的中下层仆妇提拔起来，而那些办事能力不佳狗仗人势的全部撤换掉。在保证钱府收益的问题上，我特意在出海兴贩的钱家商船上，每一支都安排了可信之人，以保证交易收入的透明化。

　　才两个多月，钱府的账目瞬间清晰了不少，收支也基本上达到了平衡，修建藏书楼的钱也就自然有了。

　　"河东君，我以茶代酒敬你！"这一日，钱谦益格外的开心，还亲自为我斟上一杯上好的冰山雪莲茶，说完便一饮而尽，"河东君，你真是一块美玉，老夫今生有你，无憾无憾了。"

　　"哈哈哈，老爷言重了，这账目清清楚楚了，家里太平了，老爷才有心思做其他的事情啊。"说罢，我便把修建藏书楼的计划跟他说了起来，还顺便拿出了一张我设计的藏书楼的草图。

　　"老爷，你说，我们这个藏书楼叫什么名字呢？"

　　"容我思考下，"他眨眨眼睛，须臾便说，"要不，就叫'绛云楼'吧，河东君，你觉得怎样？"

　　我报以微笑，真是好名字，"绛云"真诰"绛云仙姑下降"，钱谦益把我比作仙女下凡，我会心一笑。

　　钱谦益舒适地把后背往藤椅上一靠，满脸的满足感，嘴角露出一丝笑意，"老夫得河东君这一红颜知己，一辈子也满足了。"

　　"老爷，你真的觉得我们一辈子这样归隐山林好？"想起现在危难的国家局势，我不禁有些焦虑。

　　"那有何不好，你我二人归隐田园，不谙时政，似神仙眷侣，想来不知羡煞了多少人呢？"

　　钱谦益捋了捋胡须，继续说道。

　　"相公所言差矣，现在国破山河在，需要的正是像相公这种有识之士，能够挑起大梁来，匡扶正义，我终日盼望国家能够兴旺起来，我之所以主动请缨，揽过家里的财政大权，为的就是老爷能静下心来，报效国家，为我们的国家尽一己之力。难道我的心，老爷还不明白吗？"

"我怎么会不知？夫人才智过人，巾帼不让须眉，一心为国家，老夫甘拜下风，只是，我的苦衷夫人又怎么会明白呢？"说着长叹一声，脸上有些愁容。

"夫君的苦恼我知，想来是为了复起之事吧，是因为相国周延儒之事吧，周延儒也不过是一介草莽之相而已，老爷的能力远在他之上，要是把他扳不倒，利用他也是可以的，老爷桃李满天下，朝廷里处处可见你的学生，我记得，好像有个顾玉生，现在极被周延儒信任，老爷要想复起，应该也不是件难事，我愿意把我所有积蓄都拿出来，供复起之用。"我自己都没想到我一口气说了那么多。

"夫人每日沉醉于山林间，居然对现在的国事这么关心，真是超出我的想象。老夫敬佩不已啊。夫人说得极对，我马上派人去京城里面活动下……"

绛云楼落成之日，冬天也已经来了，绛云楼后面种满了梅林，院中所植的便是那日我与钱谦益在倚梅园里所观赏的落艳红梅，往事还历历在目。此时正是梅花盛开的时节，满园的梅花开得争奇斗艳，开窗即可嗅到满园的清香，我一有空便伏在窗户边上观看，这个小梅园让我喜欢不已。

绛云楼既然是为了藏书而筑，里面定然少不了古籍，绛云楼三个大字是我写的，谦益谦让，一定要把这个题字的机会留给我，我还写了一副对联，悬挂于壁间。

> 上联曰：
> 沧海日、赤城霞、峨眉雪、巫峡云、洞庭月、彭蠡烟、潇湘雨、武夷峰、庐山瀑布。诸宇宙奇观，奔来眼底。
> 下联曰：
> 少陵诗、摩诘画、左传文、马迁史、薛涛笺、右军帖、南华经、相如赋、屈子离骚。众古今绝艺，注入心头。

绛云楼更是凝结了谦益一辈子的藏书，里面的书目众多，既有一些他整理的藏书，还有一些多年来他四处收集的古董瓷器与金石文字，包括他自己修葺的一些书籍，宋刻书籍数万卷，三代秦汉尊彝，晋元以来的书法名画，官哥、定州、宣城的瓷器，大理的玉石，宣德永景的铜炉，剔江果园厂的漆器，整个绛云楼被塞得满满当当。

绛云楼的内室，便是我与谦益两人读书修史的地方，只见一个博古架，上面放了好些雕刻好的印章，靠近窗户边是一个案几，案几上随意地放着一些零散的宣纸，只待主人来泼墨一番，案几旁边是一个景泰蓝的鱼缸，缸里几只灵动的金鱼，在清透的水草间肆意地游动着，窗户边是两盆百合花，正在吐馨纳兰，一盆吊兰从窗上一直下垂到窗台，在冬日的阳光里依然葳蕤曼妙，枝叶青葱。再不远处，有一个铺着深蓝色金丝绒的贵妃榻，常常是谦益写字，我在贵妃榻上读书，倒也有现世安稳、岁月静好的幻觉。墙上挂着两幅精致的苏州刺绣，一幅是百竹安岁图，一幅是如意牡丹，两幅刺绣为整个房间加分不少。

校书编纂之余，我常常与谦益赋诗和诗，有时候谁也不讲话，默默地在纸上写出好词佳句递与对方，对方再和好了传回来，没有只字片语的交流，一首天作佳偶的好诗就这样形成了。当然，有时候我们也会相互的打击对方，说彼此江郎才尽了，我更是每首都要绞尽脑汁，试图压过钱谦益，这个时候的他，总是欣然一笑，说一声'自言才艺是天真，不服丈夫胜妇人'，那些幸福而温暖的日子。

第四节　洛阳失守，郑成功拜师钱谦益

崇祯十六年，传来松山失守的消息。

绛云楼成了谦益和众多爱国志士聚集的地方，随着绛云楼名气的增加，越来越多的人慕名而来，有来参观的，有来索诗的，还有来请教学问的，当然其中也不乏一些爱国志士。钱谦益在为复起之事而忙碌，常常要我代替他接待来访的客人，我有时着男装，有时又一袭羽衣霞帔，自称"柳儒士"。管家自从上次拒绝我的到访半野堂之后，再也不敢冒失地拒绝来拜访者了，有时候整个常熟的客栈都住满了来半野堂拜访我们的客人。

又是一日的清晨，我正与钱谦益在探讨一些坊间的"索房"、"流寇"的传闻，忽然管家递上一个名帖来。

"老爷，夫人，外面又有人求见。"李管家毕恭毕敬地递上名帖来。

"来者是什么人？"我一边询问一边打开名帖，只见上面写着"郑成功"三个大字，蝇头小楷，写得很娟秀。

"夫人，是一个来自福建南安的年轻人，说要拜见老爷。"

"好，你先下去吧。"钱谦益答道。

"夫人，看来又要麻烦你了，我今日还有些书未读完……"他看我一眼，继续把头埋在书本里。

连我都很佩服，钱谦益做学问的态度和恒心毅力，每日必坚持读书练字，而或许正是他的这份勤勉与努力，使得他所做的诗文恢宏大气，别有一番韵味。

"好好好，我的大学士，不能让人等久了，我先去看看。"说完起身带着烟儿去半野堂。

这几年半野堂的大厅慢慢地改换成了一个会客室，厅内陈设仍旧延续

原来古色古香的风格，茶几上放着两个花瓶，瓶子里放着几支红杏，紫色的宣德炉中散发着些微微的熏香，大厅的檀木椅子上坐着一个年轻人。

他的眼睛炯炯有神，印堂宽广，眉毛浓重，肌肉发达，脸上的轮廓显得棱角分明，透着些英气。他见我向他走来，也没有要起身的意思，几秒钟后幡然醒悟的样子，着实逗人欢喜。

"郑公子，让你久等了，夫君钱学士有事外出，我故待为接待。"说着便在主座上坐下。

"在下素闻钱夫人江南才女的大名，今日得以拜见，感到万分的荣幸。"郑公子起身向我作揖。

"郑公子客气了，请喝茶。"烟儿端上一壶上等的西湖龙井茶。

"好，谢谢。"郑公子微微一笑，"我先向夫人自我介绍下吧，在下郑成功，本名郑森，长居福建南安，自幼随家父漂泊在海上，可是我觉得自己带不好士兵，无法报效国家，素闻钱学士知识渊博，今日特来拜谒，希望钱学士能收下我这个学生。"听完这些，我的心里不禁有些微微的感动，好一个奋发向上的爱国青年。

"郑公子是个武略奇才，又有一颗欲求文略的心，思求救国救民之道，为了充盈自己，千里迢迢来到虞山，这种精神让我着实钦佩。"我拿起香茶，淡香悠然，回味无穷，小呷了一口之后，继续说道，"我家老爷志在传播儒家文化，像郑公子这样的旷世奇才又怎会拒绝？"

说完我们又聊起了松山失守一事，我可以从郑公子的言语间听到他对国土痛失的悲愤之情，我又何尝不是，看着自己的国家国土一点点地被外族占领，心似在泣血。说实话，我很看好这样的年轻人，希望他们有朝一日可以救黎民百姓与水火之中。后来，他又跟我聊了一些关于水上生活的事情，我们聊得很投契，因年龄相仿，又同时关心着我们的国家形势，有种相见恨晚的感觉。我让管家给安排好住宿，才起身告退。

"谦益，我又为你收了一名高足！"一回到绛云楼，我便掩饰不住内心的喜悦。

"这怎么讲？"钱谦益一脸的茫然，马上放下了手中的史书。

"你知道来者是何人吗？是郑芝龙将军的大公子，郑成功，我今天与他聊得很投契，这个年轻人胸怀大志，满腔的报国热情。"说着便把今天我与郑成功的谈话如实地跟钱谦益讲了一遍。

"原来是郑公子，那他现在何处？我去看他。"说着便要起身。

"哎哎哎，老头子，你是开心过头了吧，刚刚不自己去见，这才多久就去拜见，也不怕别人说你势利眼啊。"我劝阻道。

"哈哈哈，河东君说的极是，我是太开心了，那就用过午饭之后，下午再去见好了。"我是很理解谦益喜悦心情的，郑芝龙将军兵力雄厚，在朝廷里也是颇有威望，如今让儿子来投奔到钱谦益的门下，足以证明钱谦益在朝廷还是极富威望的，那么复起之事也便指日可待了，想起这些，我也为谦益感到开心，似乎他满腔的报国热情已经找到了抒发的途径，我又何尝不是呢？我渴望自己像梁红玉一样在战场上为国家拼杀。

吃过午饭之后，我和钱谦益去看望郑生，他早早地准备好了拜师的礼单和特意从家乡带来的两个巨型红烛，有礼有节，说话铿锵有力，钱谦益一看，脸上就露出了满意之色。先是询问了一下其父的状况，然后就举行了拜师大礼。

只见郑生对着半野堂的孔子先师像，向钱谦益行叩拜大礼，然后钱谦益为他拟定了授课的时间与授课的内容，拉着郑成功到身边，脸上满是喜悦。

"郑生，你有无字？"钱谦益忽然想起什么来。

"老师，学生，并无字。"郑生卑谦地回答。

"那你觉得叫'大木'怎样？取'一木之大厦'之意。"谦益想了几秒钟后回答。

"好，学生以后就叫大木了。"说完会心一笑。

这样的时刻总是让人感动，我可以明显地感觉出一个老师对一个学生的谆谆教导与望其成才的深情。拜师之后，大木便一直留在半野堂跟随谦益读书练剑。

崇祯十六年八月十五，秋日灿灿，我忽然收到了一个木箱，家仆说是一个男子送来的，长得浓眉大眼，潇洒英俊。

我小心地拆开，发现了两本书，一本是《湖上草》，书籍的右下角写着"柳如是著"四个小字，字体娟秀，一看便知这是林天素的字迹，整本全是我这

111

么多年来写的诗的一个整合，打开另一本，上面写着《柳如是尺牍》，开头的序是林天素作的，写得婉转艳丽，"今复出怀中一瓣香，以柳如是尺牍寄余索叙，朗朗数千言，艳过六朝，情深班蔡，人多奇之。"看到这些，我潸然泪下，想起了很多年前，在不系园的宴会上，一袭白衣落落大方的林天素，美艳充满着不食人间烟火的味道，还有王修正等等的名媛丽姝，很多年过去了，大家再也回不到曾经了，很多人都已嫁作人妇，天涯海角。

想到这些，我的心里像被打翻了五味瓶一样，林天素这么费尽心力地帮我整理散诗，久久地不能忘怀我们之间的友谊，怎能不让我感动？我把书稿拥在胸前，久久不能平静，这些书稿是对我这么多年来心迹的一个整理，里面包含了我对生活的感慨、情感的波折，这样的一份大礼，我受宠若惊，只是那个为我送来书稿的男子又是谁呢？

第五节　钱翁临阵委任尚书

崇祯十六年的冬天，这一年的雪天竟微微地飘洒了些小雪，钱谦益正在为复起之事积极地做准备，大木在半野堂，每天习武读书，竟已过去了近三个月。

这一天，我和钱谦益在绛云楼编书修史，忽然一道圣旨降临，来颁布圣旨的是常熟知府顾大人，顾大人一见谦益就双手抱拳，"钱大人，恭喜恭喜。"

"这？老夫何喜之有啊？"

"今天我是替圣上来颁发圣旨的，钱大人已被皇上重用，提为礼部尚书。今儿个老夫特来恭喜啊。"

"此话当真？"钱谦益半信半疑，脸上早已露出了无法掩饰的微笑。钱谦益被提升为礼部尚书，对整个钱府来说，这无疑是天大的喜讯。

"哈哈哈，我看钱大人是乐糊涂了，这怎么会有假？我是来替圣上颁圣旨的。"

钱谦益马上让管家备了酒席，款待知府大人。我激动的心情并不比钱谦益少，十五年了，皇帝终于想起了他。

满桌的盛宴，一杯杯暖酒下肚，钱谦益和知府大人在酒桌上相谈甚欢，我坐在旁边的位置，为他们斟酒倒茶。

"知府大人，时隔这么多年，圣上怎么会想起来再重新启用我这个老头呢？"钱谦益喝了一口烫酒，眼神有些迷离。

"唉，当今的国事，洛阳失守，国家一片凋敝，孙传庭战死，大明将才寥寥，你看看皇帝现在的身边都是些什么人？或许圣上也意识到这一点了吧，才决定重新启用我们江南才士。"知府大人大概也有点喝多了，脸颊有些微红。

"启用我们江南贤才？那同时启用的还有谁？"

"瞿式耜、陈子龙。"听到"陈子龙"三个字，我的心里忽然有种说不出的感觉，我不仅为钱谦益感到高兴，也在心里默默地祝福另一个人，英雄们终于有了报国的机会。此时的皇帝任用江南贤士，是把他们当做了拯救国家的长城，报国机会终于来了，为国家赴汤蹈火也在所不辞。

宴会结束后，我便开始打点钱谦益去京都的行装，本想轻装上阵，可我转念一想，好歹也是一个尚弓，行装也不能太寒酸，于是，几天下来，大大小小的行李，也装了差不多五大箱子，就在钱府上下所有人都沉浸在一片喜悦中的时候，忽然一个晴天霹雳传来。

崇祯十七年，三月十九日北京城破，思宗吊死煤山，王公大臣纷纷弃家南逃。

听到这个消息的时候，整个钱府上下哭声一片，钱谦益在半野堂里一言不发，旁边是为思宗摆放的灵堂，诏书摆挂在中央，真的是国破山河在了。

郑成功似乎也是受到了感染，他对着钱谦益就是一拜，"国家兴亡，匹夫有责，我们的国家已经处在危难间了，老师，我觉得我现在应该回到父亲的军营之中，为国杀敌，拯救黎民百姓于水火之中。老师，你也不要太过悲伤了，我们的大明江山决不会就此完结的。"郑生一口气说了那么多，所有人似乎都被他强烈的爱国热情所感染，大家停止了恸哭。

"郑生说的极是，我们此刻要收起悲伤，我们的国家虽然已经失去了半壁江山，但是我相信只要君臣齐心，收复失地，重振我大明江山完全是有可能的。"我接着正声的话继续说下去。

"对，关键现在是要另立一位新的国君，全民齐心，我大明江山不会就这样垮掉的，我们要赶紧去南京，商议复国的大计。"我点了点头，表示赞同。

彼时是怎样的春暖花开，我们肆意地欢笑，而如今寒冬瑟瑟，每到这个时节，气候阴冷而寒湿，我们的国家半壁江山丧失于铁骑之下，一说话，口中便有淡薄的白气溢出，可是天气再寒冷，又怎会冷过此刻的人心？

接下来的几天，郑生离开了钱府去投奔父亲的军营，试图为国家尽些绵力，我和钱谦益也准备动身去南京，好利用他在朝廷的一些声望，联合旧部以及一些逃往南京的旧贵族一起商议拥立新君主的事情。

只是，此去我的心是忐忑的，钱谦益在朝廷所拥有的只是声望，而如今在这样的乱世中，没有兵力自己的主张很难得到实现，尽管如此，我还是支持钱谦益的南京之行，我和谦益一起分析了当前的兵力情况，当今明朝的势力分为三股，一股是远在武汉的左良玉的西军，一股是兵部尚书史可法的兵力，还有一股则是凤阳总督马士英。要想拥立一位人人赞同的君主，必定又是一场你死我活的征战，想起这些，我的心隐隐作痛。

崇祯十七年四月，我和钱谦益动身前往南京，我站在船头，感慨万千。身着一身戎装，头上戴着雉羽，披着大红色的披风，一袭乌黑的头发直披腰间，腰间佩着一把宝刀，在春日里的吹拂下，整个人显得英姿飒爽。

身后熟悉的气息，我知道此刻的钱谦益就站在我的身后，欣赏着我的戎装。我回过头来，娇嗔地一笑。

"夫人，你这一身英姿飒爽，完全的巾帼女英雄装扮，花木兰出征，穆桂英挂帅，也无疑是这样吧。"他微笑的眼睛里面，有些旅途的困倦。

"那我要做梁红玉，上场杀敌，夫君，你可否成全我？"我半认真半开玩笑对他说。

"那老夫也定要与你一同上阵杀敌，你若是梁红玉，我便是韩世忠将军。"钱谦益的心底也油然地升起一股浩然正气。

"夫君，你可知我们的船行至何处了？"

"京口即将到来。"

京口，当年梁红玉与韩世忠浴血奋战的地方，今日我坐船经过，怎会不感慨万千。

"夫君今日得以被朝廷重任，去力挽狂澜，拯救黎民百姓于水火，大抵是安国夫人与太师公庇佑的。"我像是在自言自语，眼前与脑海中，全是安国夫人披红菱在战场上擂鼓鼓舞士气的场景。我的心里久久的不能平静，脚下是滚滚的长江之水，耳畔边是将士们的厮杀声，那个红衣的女英雄在薄雾间若隐若现，"咚咚咚"的擂鼓声震耳欲聋。成千上万的将士在擂鼓的鼓舞下，朝着敌军奔涌而去，厮杀声、叫喊声、擂鼓声交织在一起，响彻天际。

"夫人，夫人……"幻境中，我忽然听到有人在叫我，才发现自己已经浑身汗津津，仿佛那擂鼓声出自我手。

"夫君没事，今日我们经过京口，不如一起祭奠下安国夫人与太师公？"说完我便走进船舱，拿出两杯酒，一杯自己握在手里，一杯递予钱谦益。

"今我钱谦益与夫人柳如是经京口，故跪拜安国夫人与太师公，望安国夫人与太师公佑我大明江山，助我能够担当起救国之大任，钱谦益与夫人在此祭奠二位英魂！"说完我们便把酒水洒入到滚滚长江中，聊以表我们的崇敬之情。这滔滔江水能否领略到我此刻复杂的心情，无数的志士前仆后继地奔赴战场，这风雨飘摇的大明江山能否如愿地重振起来，这一切都是未知数，顿感前路茫茫。

第六章

今夕梅魂共谁语

四十年来家国，三千里地山河。凤阁龙楼连霄汉，玉树琼枝作烟萝。几曾识干戈。

一旦归为臣虏，沉腰潘鬓消磨。最是仓皇辞庙日，教坊犹奏离别歌。垂泪对宫娥。

第一节　生死抉择，牧斋献城

南都礼部尚书府后院。一轮残月照在尚书府的湖面上，带着些微微的惨白，明月返投射在湖面上，有些阴森，我拿起一块石头，一下子扔在平静的湖面上，湖面上掀起一阵涟漪，云层随着水面不停地晃动。

不觉间来南都已经一年了，每天似乎都生活在刀尖上，惶惶悚悚，没有一天不是在惊涛骇浪中度过。表面上看，我是尚书府的女主人，结交权贵、能言善辞、人人艳羡，而事实上，我活得并没有那么开心，南都一梦，终日要提防明枪暗箭，还要时刻警惕瞬息万变的时局。最终，他们还是拥立了福王为弘光小朝廷的皇帝，而我清楚，福王只不过是一个傀儡，真正的权利掌握在拥有兵权的马士英和周大成手里，而周大成又是一个贪生怕死之辈，钱谦益的手上一兵一卒，什么建议都无效，终日闷闷不乐，这些又怎么不让人揪心？

想起这些，我看了看尚书府冰冷而又阴森的样子，脑子一片空白。刚刚传来史可法誓死守扬州城而殉国的消息。敌军攻入扬州城，史可法与知府大人任育民誓死捍卫城池，自刎未遂，待敌军到达扬州城城门时，史可法在城楼上大喊，"史可法在此"，便以此殉国了，而知府大人也用弓弦自缢而死。

想起这些，我的泪水忍不住在眼眶中打转，史阁老英勇殉国的场景浮现在我的脑海里，献血浸湿了他的胄甲，他站在城池的最高端，俯视着城池下的敌军，肆意放声大笑，浑身都是鲜血，他怒喊"史可法在此，汝等岂可造次"！忽然一枝弓箭射穿了他的胸膛，他倒在血泊中。我的泪水掉下来，一股豪气悠然而生，我看了看旁边的古琴，信手弹唱起来。

怒发冲冠，凭栏处、潇潇雨歇。抬望眼、仰天长啸，壮怀激烈。三十功名尘与土，八千里路云和月。莫等闲、白了少年头，空悲切。

靖康耻，犹未雪。臣子恨，何时灭？驾长车踏破、贺兰山缺。壮志饥餐胡虏肉，笑谈渴饮匈奴血，待从头、收拾旧山河，朝天阙。

岳武穆的这首《满江红》，我无数次弹奏起，只是我从未觉得像今天这样豪迈过，一曲唱罢，我的浑身已汗津津，感觉整个人要虚脱了。

周大成又来了，我不知道他在书房里面跟尚书公在谈什么，只是这几天，我能明显感觉到尚书公满满的心事，他什么都不说，常常一言不发地一坐就是半日。

"尚书公，周大成又来找你干吗？"周大成一走，我便直奔尚书堂。

"只是在商量一些对策的事情，并无其他。"我分明看见了钱谦益眼睛里面的躲闪。劝降！我的脑袋里面忽然闪过这两个字，难道钱谦益的犹豫是来自于周大成？我不敢想下去。

"为什么不组织义军，冲杀出去，扬州一破，南京之战势必要经历的，尚书公，你还在犹豫什么？"我因为着急而声音异常的大。

"抗争？河东君，你以为我不想吗？可是我只是一介文将，我的手上并无一兵一卒，你让我如何去抗争，要让手无寸铁的老百姓去徒手抗争，白白送死吗？你忍心看着南京城跟扬州城一样，尸横遍野，血流成河吗？到时候，不是你死便是我亡，我们现在的这一切就都将全部化为乌有了，我的河东君，你也要为我们的生活考虑一下。"钱谦益一口气说出这么多，然后嚎啕大哭。

我忽然觉得眼前这个男人异常的陌生，这便是我初访半野堂时，那个满口报国之志的钱谦益吗？我不得而知。

"钱翁，覆巢之下，焉有完卵，你以为你可以自我保全吗？我柳如是出身卑微，我四处漂泊，最终遇到了你，我感谢你的知遇之恩，可是我从来没有忘记过曾经身为奴隶的耻辱，连我一个女子都懂得的道理，你为什么不明白。"我百转千回，可钱谦益还是低着头一言不发。

我的眼里露出一副乞求的目光，"尚书公，你忘记了吗？在京口，你我二人发誓要像安国夫人与太师公那样，赴沙场杀敌，名垂千古，而现在机会来了，你怎么可以退缩。你要保全自己的名节啊，降城！这是要被千古所唾骂的！要不你答应我，我们殉城好不好，自刎于尚书府，我实在是无法看你被千古唾骂啊！"我声泪俱下，钱谦益还是不吱声，只是老泪纵横，我茫然了。

整个一夜，我辗转反侧，眼泪湿了枕巾，眼睛肿得像核桃一般大小，一想到钱谦益要成为被人唾骂的懦夫，我整个人便不能呼吸。

而就在这个尴尬的时期，我发现我怀孕了，我抱着肚子嚎啕大哭，我可怜的孩儿，一出生便要面临父亲变节，国破家亡的场面，想起这些，一阵恶心感袭来，我呕吐起来。

八月，南京决定投降，不幸的消息一个个地传来，北兵进逼江南，吴志葵、黄蜚败走。

八月三日，松江城破，李待问被杀害。

北军进城的这一天，我画了一个浓妆，穿上那件途经京口时的战袍，头顶上的两个雏翎飘然而动，我看着铜镜中的自己，面色苍白，神情枯槁，我努力地对着镜子露出了一个惨白的微笑。

天下着大雨，我知道钱谦益这一天要去城门口迎接北军的到来，我以为自己已经心如死灰，可是，一想到这个，我的心还是会泣血。我抚摸着白马，一跃而上，大红色的斗篷，腰间佩戴着一把宝剑，风驰电掣般地向城门口奔去，雨越下越大，混合着我的泪水，冲击在一起。

还未到城门口，便看到钱谦益携着众官员跪在雨水中迎接北军，身穿着我为他制作的那件战袍，那本是我为了他上战场而为他制作的战袍，如今却成了他降城的礼服。我看着灰色的天空，嚎啕大哭，任凭雨水冲刷着自己，一股视死如归的豪情忽然涌向我的心头。

我默默地走向城门，手里拿着鼓槌，"咚咚咚"地敲起城门的大鼓来，我一脸视死如归，钱谦益立马跑过来拉我，周围全是惊讶与诧异的目光，忽然，我的头一阵眩晕，大脑一片空白，然后便失去了知觉。

等我醒来后，已是在尚书府的厢房中，旁边坐着钱谦益，一脸的忧愁。

"夫人，你醒了？"钱谦益看我睁开眼睛，我看见是他，立马转过头，眼角却溢出泪水来。

"夫人，你有喜了怎么不告诉我？今天还冒雨去击鼓，还好北军以为是欢迎仪式，才没有追究，要不然老夫都保不了你啊！"钱谦益在旁边唉声叹气。

"你保我？你为什么不让我去死！告诉你有什么用，难道你要我们的孩子一出来就要做贰臣之子吗？"说完这些我便痛哭起来。

"夫人，你别这样，我也是为了全程的百姓啊，你难道忍心看到血流成河？现在我们没有浪费一兵一卒，先暂时蜷居下，总会有解决的办法的。"说着就要来拉我的手，被我狠狠地甩开。

"为了全城的百姓？呸，亏你好意思说得出口，你是为了你自己的宰相梦吧！"钱谦益的脸一阵黑红。

"夫人，你……你……唉！"说着便起身出去了。

这便是南都一梦，真的只是南柯一梦，所有的梦都碎了，我轻轻抚摸小腹，我不知道这个孩子生下来的意义是什么，而我活下去的意义又是什么，我茫然了。

第二节　九里香的芒种之夜

芒种之夜，夜色如水，我露出了久违地微笑，还穿着艳丽的衣着，拉着钱谦益去湖上泛舟。

我和谦益泛舟湖上，我看得出他眼睛里满是诧异，昨天还在恸哭的我，今天为何有了兴致。这一夜的月亮是如此的圆，我在小船上亲手做了饭菜，还摆了一壶上等的好酒。

"尚书公，你知道今日是什么日子吗？"我朝他莞尔一笑，我是有多久没有这样笑过了呢？

"我当然知道了，今儿个是芒种夜，是祭奠花神的日子。"见我露出久违的微笑，他的脸竟也有了一些笑意，"只是，在这纷乱的时节，夫人怎么还有心情在这里泛舟呢？"

"芒种一过，百花皆凋谢，尚书公，既然城也献了，还有什么可忙的呢？还记得我闻室初建成之时，那满园的九里香吗？是那样的美艳不可。"我半眯着眼睛，思绪回到了第一次见到我闻室时的那种欣喜之情。

"是啊，那时候你才二十二岁，我知你爱九里香，便在房前为你种满了九里香，你说你喜欢那满园的芬芳。"钱谦益似乎也被我带进了回忆中去。

"谦益，我感谢今生遇见了你，你以匹敌之礼娶我，尊敬我爱戴我怜惜我，还让我做上了尚书夫人，我不能相信如果没有遇见你，我单调而飘零的生活。"我动情地吻了他的额头一下。

"夫人……"钱谦益欲言又止。

"老爷，你为我在背上画一株九里香吧。"说罢，我便脱下衣衫，背对着钱谦益，皎洁的月光照在我光洁如玉的背上，竟然有些莫名的忧伤。

"这也许是南都破城之后最美的那一朵了，我盛开过绚烂过在最美的

123

时候凋谢，也算是死得其所了。"钱谦益用画笔一笔笔地在我的背上勾勒，我能想象我背上的那朵九里香，定是美艳无比。

"这……夫人为何这样说？年年岁岁花相似，花开一年又一年是多么美好的一件事情，为什么要让时间停顿呢？"我能感觉到他手里画笔的停顿。

"泱泱乎！美丽的神州，你被浊浪吞没了！血水渗进了你的肌肤，多少人为你尽了贞节！大江也为之呜咽！我听到了你的哭声！后湖！你明净的目光混浊了！有谁能让你重新变得澄澈？"我站起身来披上一件衣服，端起一杯浊酒向船头走去。

"谦益，这杯酒我敬你，希望我们来生还能再做夫妻。"我举起酒杯一饮而尽，然后把酒杯扔进冰冷的湖水中，平静的水面顿时起了些涟漪。

"夫人，不要……"钱谦益忽然大喊起来。

"难道你不想殉城？你已经投诚，如果继续这样下去，千古的骂名你要怎样承受！"

"夫人……水太凉了，老夫怕承受不了这寒气……不如改日再来……"他支支吾吾地说。

我仰天大笑起来，"好，这就是我柳如是仰慕的丈夫，居然是个懦夫！你不死我死！"说着我便要往湖里跳。

"夫人，不要啊，算老夫求你，"他一边死命地拽着我，一边大声地呼喊，"你就是不为了我考虑不为自己考虑，也要为你腹中我们尚未出世的孩儿考虑啊。"

"孩儿？"听到这两个字，我的腿瞬间一软，瘫坐在船头，一段长长的沉默，我还未做过母亲，我是多么想亲眼看着自己孩儿出世，亲自为他哺乳，看着他慢慢地蹒跚学步，只是现在，我还能吗？

湖心下沉，轻飘飘的，对不起，我肚里的孩儿，还未出世，娘亲便让你承受这样的痛苦，对不起，娘亲对不起你。我听到岸上救命声此起彼伏，我忽然失去了意识。

等我醒来的时候，我发现我又躺在尚书府的厢房里，我又没有死掉。

"为什么不让我去死！为什么要救我！"我嚎啕大哭起来。

"小姐，你怎么那么傻，你死了我也活不下去了。"烟儿在旁抱着我大哭。

哭了一会，烟儿忽然间想起什么，"夫人，我求求你，我们先回去，有什么事好好商量，好不好，不要这样，不要这样……"

此时的钱谦益早已老泪纵横，我的脑袋里面浮现出史阁老殉国的场景和钱谦益穿着我为他缝制的战袍卑微地跪在地上的样子，一阵眩晕。

"怪只怪我凡人的眼睛，国破家亡了，还谈什么骨血，我不要我的孩子一出生要背上罪臣之子的罪名，好，钱谦益，你不死我死！"说完我一口气跳入冰冷的湖水里，脑海中全是我和钱谦益相爱的日子，彼时我们喝酒赋诗，我们在绛云楼里面对诗打闹，他以匹嫡之礼迎娶我，我们坐在画舫里面，相亲相爱，岸上的人朝我们扔臭鸡蛋扔蔬菜皮，他拉着我的手掌，我们爱意浓浓地对彼此说，你爱我什么？我爱你乌般头发雪个肉。我爱你雪般头发乌个肉。只是现在，你还爱我吗？

我觉得自己的身体正一点点的向来，烟儿说："对了，小姐，我差点忘记了，这个是大木君给你寄来的信。"

"大木君？"我的脸上忽然露出一些欣喜之情，我打开发现上面只有短短的几行字，"留得青山在，不怕没柴烧，保存实力，定能复国。"我的眼睛湿润了。

"小姐，外面现在义军突起，我们要抗争，敌人要亡我们的国，灭我们的种，我们偏要活下去，要是人人都像小姐这样，那岂不是便宜了北军。小姐，我们要抗争！"烟儿的眼睛亮亮的，有我从未见过的明亮。

"还有，小姐……我听说，陈大人也回乡组织义军抗争了。"烟儿警觉地看了下周围，确定四下无人，小心地靠在我的耳边低声补充。

陈大人？子龙！我的心头一热，看着大木写的"保存实力，定能复国"八个大字，我的内心翻腾不已，我要抗争，要与这个世界斗一斗！

从听到这则消息之后，我再也没有赴死的心了。司马迁曾说，人固有一死，或重于泰山或轻于鸿毛。我忽然意识到我这样的死没有多少价值，我要帮着大木和子龙他们完成复国大计。

而此刻的钱府，虽然表面上仍旧风光无限，可是实际上早已囊中羞涩，清廷为了打击反清复明行动，不仅采取了严酷的打压政策，还从经济上进行镇压，对于江浙一带的地主进行没收良田，狱中关满了被"奏销"的人，即

125

在规定的时间内必须交足所欠的余粮和钱财。一下子人人谈虎色变，而复国最重要的仍旧是资金上的支持，我想办法变卖了一些首饰，好给予他们一些经济支持，早日完成复国大业。

而此时又传来义父嘉燧老先生病逝的消息，我悲痛不已，大着肚子也不好去吊唁，只能默默地掉泪，嘉燧老先生待我恩重如山，收我为义女，为我通幽园选婿，是夜，我坐在后花园，看着池塘的一泓清水，放了一个莲花的空心灯，以此来聊慰嘉燧老先生的英灵，还有那些战死在沙场上的将士们。我想唯一值得欣慰的，便是他们带给我的消息，郑成功骁勇善战，焚烧儒服，此举大大地鼓舞了将士们的士气，被隆武帝赐予朱姓，大家都称其为国姓爷。

我顿觉复国有望，顿时如一股春风吹进了我的心里，我被深深地感动了，两行热泪洒下。

第三节　钱翁削发归顺大清

不觉间中庭的一颗老桃树开得花朵灿烂云蒸霞蔚，一阵风吹过乱红缤纷，零星地盛开在山野间的秋杜鹃，是那最美的一道秋景，此时的尚书府，肃静而安宁，声声杜鹃在悲戚地啼鸣，这杜鹃泣血的景象，看得我肝肠寸断。

整个孕期，我过得异常的辛苦，常常会半夜失眠，夜夜独自坐在黑夜中，任泪水在脸庞上肆意地流着。钱谦益每日在忙他的大事，旧日的朋友纷纷赴国难，我像是一个被丢入深渊的石子，孤独而绝望。

而此时，整个南京城更是流言蜚语不断，周大成又频繁地出现在尚书府，我走过谦益书房房门的时候，忽然听见了周大成的声音，不禁怒火中烧。

"钱兄，你也老大不小的人了，你怎么不明白这个道理，识时务者为俊杰，小弟的人生格言是'无子一身轻，有官万事足'，现在有官做，何苦要跟自己过不去呢？"周大成用他那弹簧翘舌在试图说服钱谦益，我气得浑身发颤。

"这……"钱谦益的脸上还有些犹豫之色。

"钱兄，城已经投了，骂名已经留下了，现在才想起为自己立贞节牌坊似乎有点晚了吧。"看钱谦益不吱声，周大成的气焰更嚣张了，然后在钱谦益的耳边耳语了几句，我没有听清。

我气得哆哆嗦嗦地回到东厢房，脑子里一片空白，我没想到曾经我爱慕的男子变成了这样一个为了权力欲望，毫无底线的人。我独自坐在厢房里，看着蜡烛一滴滴地往下滴，心也跟着哭泣，曾经的一幕幕浮现在我的脑海里。

大概过了一炷香的时间，我霍地从椅子上站起来，面无表情地问道："烟儿，周大成走了没有？"

"周大人刚走没多久。"烟儿顺手给我倒了一壶茶放在我的手边。

"去把老爷找来，就说我有些事情要问他。"

东厢房内，钱谦益满脸愁容，步履迟缓地走进来，我端起那壶碧螺春，轻轻地倒在杯子里，递予钱谦益面前，"老爷，喝杯茶吧。"

"夫人……"这是我这几日来第一次开口与他讲话，还主动为他倒了一杯茶，钱谦益一脸的兴奋。

"周大成又来找你做什么？"我忽然问了一句。

"不过只是聊聊一些朝廷的事情。"他的神情显得有些略微尴尬。

"朝廷的事情？老爷，如是再奉劝你一句，有些事情真的是不能去碰触的，连我这个青楼出身的女子都有自己的底线，更何况是你这个平时孔孟之道一套套的尚书？"我恶狠狠地看着他，故意把后面几个字说得格外的重。

"夫人，你是不知现在的情况，老夫也是身不由己。"说完，两行老泪纵横，看着他那个样子，我一瞬间不知道该说些什么，扶着隆起的腹部缓缓地走回东厢房，一边走一边流泪。

第二日午时我才起床，梳洗之后烟儿忽然气喘吁吁地跑过来。

"夫人，夫人，不好了……"烟儿总是这样，跟了我那么多年，一碰到一些小事就一惊一乍的。

"又怎么了？"我拿起一杯茶水，小呷了一口。

"夫人，常熟那边来人了，说老爷要去北京做官了！陈大夫人刚才派人来，说要派几个忠心的奴才一起赴京就职！"这个消息像是一个巨大的晴天霹雳，我一下子站起来，大声怒骂起来。

"钱谦益，你给我出来！你怎么可以做大明的叛徒，怎么可以降清！你让我们的孩子怎么来见世人！"我一边嚎啕大哭，一边发疯似的往书房的方向走去。

"你知道不知道钱牧斋要去清朝当官，你知不知道我们要和他成为千古罪人！"一大群仆人跟在我后面，试图想阻止我。

"小姐，你不要这样，不要这样……"烟儿一边大哭，一边跪在地上磕头，"你要为你肚子里的孩子想想啊。小姐……"

我从来没有这样疯狂过，我一把推开钱谦益书房的门，时间在这一刻静止了，我看见钱谦益穿上了清朝的官服，拖着一条独辫子，额鬓溜光，他正在书房里逗一只家雀，嘴上还哼着小曲。

"你！钱谦益……"我一句话都说不出来，我的心突突地跳着，身上一阵发凉，胸口闷得难受，嫉妒的恶心与烦闷直逼胸口，我几乎要呕出血来。

"夫人……"钱谦益要过来扶我，被我一把推后了几步，看着他那张被欲望和权利冲昏的头脑，我真想用一盆凉水把他浇醒，可是，我知道，一切都不可能了。

顺治三年正月，钱谦益被清廷授予了秘书院学士兼礼部侍郎、明史副总裁之职，独自赴京。

钱谦益离开南京之后，我便搬回了半野堂，准备待产。

半野堂的梨花早已经谢了，树上接了很多密密麻麻的小梨子，就像小孩紧握的小拳头，夜半萧瑟的风吹着我略显单薄的寝衣，曾经在半野堂与谦益的欢娱，时刻地浮现在我脑海里，只是所有的一切都变成了黄粱美梦，就仿佛年少时少女闺阁中一个美妙的春梦，一如曾经肆意飞扬的年华，错过了便再也回不来。

而如今的我，大腹便便，一个人住在半野堂的绛云楼里，常常夜不能寐，这身孕是何其的辛苦，夜风吹散了我的头发，我远远地听着不知名的虫鸣，寒风袭来，似一个个的巴掌，甩得脸颊生疼。我一个人在暗夜里轻声地呻吟起来，哪怕是只有一人，我也是极力地压抑着，肩膀在颤抖，悲伤随风散尽于稀薄的空气中。

忽然肩膀上被披上了一件衣服，我回头一看，是烟儿。

"小姐，夜色这么凉，你一个人坐在这边，小心着凉，下月便是产期了，小姐要当心才是。"她手里拿着一件大红色的红袍，轻轻地盖过我的肩头，想必我的脸上已是泪痕斑斑，只是她却装作浑然不见。

"肚子越大，行动也越来越不方便了。"我低语了一句，像是说给自己听的也像是说给烟儿听的。

顺治三年二月的一天，我一人在绛云楼上看书，忽然肚子上传来一阵痛，那种痛仿佛刀绞一般，身下全是湿的，那种痛痛得好像骨节也一点点地裂开了一般，我用力扶住桌子，生怕自己一不小心跌倒在地上。

"烟儿，烟儿，好痛……"我大叫着。

那种痛像是要把我身体的每一寸都撕裂，好像有什么东西要在我的身体里面凸越出来。我觉得脑袋里面一直昏昏沉沉，我听见好多人在不停地说，"用力，用力……"然后我就觉得自己像是做了一个冗长的梦，梦中的我还是十七八岁的样子，漫天的梨花，飘飘洒洒，轻薄花瓣飘落在我的身上，我翩翩起舞，惊鸿一片世人，我与谦益写字对诗，梨花如雪。

我拼命的挣扎，似乎是厌尽了最后的一丝力气。

睁开眼睛，看着周围人满脸的喜悦，我露出了这么久以来的第一个发自内心的微笑，婴儿响亮的啼哭声，让我觉得幸福不已，孩子，虽然此刻你的父亲并不在你的身边，可是我爱你。

"恭喜小姐生下一位小小姐。"烟儿满脸的喜悦，我看着新生的婴儿，她的小脸粉扑扑的，她是那样的小，那样的柔弱，软软的睫毛，微微睁开的眼睛，我紧紧地抱着她，亲吻她的额头，不禁喜极而泣，这是我的女儿，她将继续延续我的生命。

第四节　钱谦益解甲归田

月光照在绛云楼的窗台上，显得有些寂寥，偶尔还能听见寒鸦的叫声，月光倾泻如水，照在我的脸上，是那样的宁静而安详。有了女儿之后，生活多少有了些慰藉。

我抱着女儿，她整个身体蜷缩着显得异常乖巧，多么可爱的孩子，你还什么都不知道，当有一天你长大了，知道了你有一个贰臣父亲的时候，你会埋怨我们吗？我低头看了她一眼，她小脸微红，只是顾着沉睡，我的眼泪滑落到她的脸颊上，她下意识地咂摸了一下嘴巴，你能从娘亲苦涩的泪水中，咂摸出一些微甜吗？

接下来的一段日子，我在半野堂过得也算平静，跟陈夫人、杜姨娘相处也算相安无事，我极力地帮义军筹集善款，争取最后的一搏。

九月的天是那样的高远，我坐在绛云楼前抱着已经半岁的女儿赏花，就像当年谦益带我欣赏一般，女儿很乖巧，我给她取了一个名字，叫柳小照，寓意"留取丹心照汗青"的意思，我的心无时无刻不在照着我的祖国。

"小姐，老爷今儿个回半野堂的老宅了。"烟儿跑过来跟我说。

"哦……"我轻轻地回了一声表示知道了，心里却是一阵翻滚。

"我听大管家说，老爷这次是辞官回来的，以后再也不回去了。"烟儿的脸上露出些欣喜。

"辞官？再也不回去了？"我听着很诧异，钱谦益也不过才去北京待了半年而已，我陷入了深思之中。

接下来三天，钱谦益仍旧住在老宅，我和小照还有烟儿住在绛云楼，似乎是一切平静，可我却是夜夜不能寐。

第三天，一顶小轿子停在了绛云楼的门前。

"小姐，大夫人来了。"我正抱着女儿玩耍，半岁的她已经学会了牙牙学语，我把小照给烟儿抱，整理了下衣服，便去见大夫人。

大夫人的突然到来让我觉得有些意外，难道是我偷偷变卖首饰支持义军的事情被她知道了跑来质问我？应该不会，我做事极为小心，变卖首饰这件事情她是绝对不可能知道的。我稍稍整理了一下心情，表现得极为淡定，走到大厅的时候，便看到大夫人一袭素衣，手里还拿着一串佛珠。

"妹妹，姐姐来看你了。"她走过来拉着我的手，说实话，大夫人对我是极好的，平日里她在佛堂吃斋念佛很少有交集，可是我生小照或者生病的时候，她还是常常来照料我，从未说过一句我不好的话语，这一点就让我够欣慰的。

"是，妹妹应该去看你的。"相互寒暄了一番后，便看见大夫人的脸上有些微微的愁容。

"姐姐怎么了？为何眉头紧皱？"我不禁问道。

"唉，妹妹难道不知，老爷已经回来三天了？"我忽然知道大夫人是为何而来了。

"我不知道……"我默默的低下头，知道又有什么用？

"老爷从回来之后，整天愁眉苦脸的，不敢来见你，现在他已经改正了，辞官回来了，你就不能原谅他？"大夫人的口气里有些哀求。

"有些事情一旦做了，是不可原谅的，更何况是这千古的骂名，大夫人，你要我怎么原谅？"想起钱谦益的降清之举，我的心里有团怒火燃烧起来。

"可是，老爷从回来之后，整日茶饭不思，还说不如死了算了，这样下去……"大夫人低声啜泣起来。

"死？哼，当初为何不与我在后湖一起殉国？"说起钱谦益的这些恶行，我觉得自己更不能忍受了。

"可是他毕竟是我们的一家之主……"大夫人低声地缀泣，我默默地不再作声，夏日的骄阳像是一个烤炉，外面的知了在不停地鸣叫着，显得越发的闷热。我的额头上有些汗水微微地渗出。

"妹妹，古语说，人非圣贤，孰能无过，我觉得老爷能意识到自己的错误，你就原谅他吧，虽然我不知道你是怎样想的，可是他毕竟是我们的丈夫啊……"说着，大夫人便一下子跪倒在我的脚边，大声地哭泣起来。

"夫人，你这是做什么？"我一边拉她起来，一边在哭泣，陈夫人是一家的主母，怎么可以给我下跪？况且她待我也不薄，见拉不起她来，我索性也跪倒在地上，拉着她的手。

两颗泪水从我的眼角滑落，滴在衣服的袖口处，带着丝丝的温度。我们两个紧紧地拥抱在一起。

这天傍晚的时候，钱谦益来了。

我在床上哄着女儿睡觉，钱谦益耷拉着脑袋进来了，我看了他一眼，才半年没见，两鬓的白发更白了，脸上也是皱纹横生，本来就黑红的脸更是毫无血色，一脸的疲惫，看着这些我有些微微的心疼，我侧过身子去，背对着钱谦益，一言不发。

"河东君，我回来了，再也不回去了！"他站在床边，像个做错了事情的小孩子。

"回来？你的新朝廷没有让你做阁老？"我知道他只是做了一个闲职，故意嘲讽他。

"河东君，你不要这样……我承认……我是做过宰相的春秋大梦，可那是之前，现在我知道自己错了，清廷也不会善待降臣的，我明白他们的权宜收买之计，所以我现在才告病回来。"

或许女儿听见了父亲的哭诉声，竟也跟着哭泣起来，我的身躯不禁颤抖了一下。钱谦益似乎是看到了我心里一瞬间的纠结，坐在床边，轻声对我说，"我终于看到我们的女儿了。"

听见钱谦益这么说，女儿竟然不哭了，果然是血浓于水。

"对了，我们的女儿有名字没有？"钱谦益忽然想起什么来。

"有，柳小照，留取丹心照汗青的照。"我故意把后面一句说得格外的重，钱谦益的脸瞬间变得通红。

"好名字，为父的教训应该时刻铭记。"说着便看着女儿微笑。

"有个贰臣父亲有什么好？你们居然还把福王的两个妃子献给了清廷，可怜了那两个女孩子……"我掩面哭泣起来。

"夫人，这件事我觉得我解释不了，我不想解释，可是我现在有了悔过之心，你难道就不能看在我们女儿的面子上给我一个机会，难道我把心剖出来给你看，才能证明我的悔改之意吗？"钱谦益老泪纵横，说着一下子跪倒在我面前。

"你快起来，快起来，男儿膝下有黄金，怎么能说跪下就跪下呢？"女儿又大声地啼哭起来，看着也的样子，我有点恼怒。

"你说你知道错了，你的心是向着故国的，那么空话连篇有什么用，现在有这样的一个证明自己的机会，你愿不愿意做？"我忽然想起来，若钱谦益加入海上抗清的行列，以他的地位与才智，不又增加了一些胜算，况且，这也可以洗刷他千古罪臣的骂名。

"只要夫人说的，我都去做，赴汤蹈火也在所不辞。"钱谦益一脸的严肃。

"不要你赴汤蹈火，可是要有回家灭族的决心！"

"夫人不妨一说，我已经做错了太多，不能一错再错下去。"看着他真诚的眼睛，我握着他的双手。

"夫君，我已与海上义军取得了联系，支援他们，没有国哪有家。你愿意跟我一起，参加到支持复国大业上吗？这就看你有没有这个胆量了，这要是被发现，可是被株连九族的。"

我看见钱谦益思考了一会儿，须臾，满眼真诚地说，"夫人，只要你能原谅我，故国原谅我，为了故国的复国大业，我愿意割舍掉所有的一切，虽然奏销案让我们没有从前富裕了，可是夫人，我们还有良田和书籍啊。"

"谦益，你要知道，这个要是被发现……"钱谦益回答得这么干脆，我不禁有些惊异。

"夫人……你难道还不相信我悔改的真心！"说着再度跪下，我把他的手捧在手心里，眼泪滴在他的手背上，像从前一样轻吻他的手背。

"老爷，你终于回来了，其实，人生的路啊，就那几步关键的，要走好啊。"我扶他起来，拉他到床边，"老爷，快好好看看我们的女儿吧。"钱谦益轻轻地抱起女儿，在她的额头上轻吻了一下。

"女儿，从今天起，父亲要好好的做人，事事听你母亲的。"我不禁被他认真的样子逗笑了，我们三个人紧紧地拥抱在一起。

第七章

谁言女子非英雄

蜀锦征袍手剪成，桃花马上请长缨。

世间多少奇男子，谁肯沙场万里行。

胡虏饥餐誓不辞，饮将鲜血带胭脂。

凯歌马上请吟曲，不是昭君出塞时。

第一节　绛云楼筹集义款

顺治四年的春天，又是万物复苏的季节。

海上传来义军的消息。义军主要集中在福建、广西等东南沿海地带，隆武帝兵败海上之后，由他的义子郑成功接过抗清的大旗，联络了常熟、松江、苏州等地的一大帮故国的义士，准备找好时机，大规模地起义，一举收复失地，还我大明江山的威严。而这样大规模的起义，无疑需要大笔的经费，当我和钱谦益得知这个起义的消息时，内心一阵热血沸腾，可是，短暂的开心之后，一个巨大的难题摆着了我们的面前，这大规模的经费从何而来？

我和钱谦益绞尽脑汁，发现这是个很大的难题。奏销案已经使得我们囊中羞涩，为了使谦益不身陷囹圄，我们已经开始秘密地卖掉一些古玩，而现在面对的是五百将士的供需，我们清算了下自己的财产，除了剩下的田产，便是绛云楼的书籍了。可是，绛云楼是钱谦益半生的心血，我们对待它就像对待自己的孩子，怎么舍得卖掉这些珍藏？可是除了这些还有什么办法呢？

整个春天，钱谦益都在寻找合适的商家，我们本想找一个像我们一样珍爱这些书籍的下家，就像为我们的儿女寻找一个好的归宿一般。可是，寻找的过程漫长而艰辛，时间变得越来越紧迫，最后钱谦益终于找到了一个还算合适的买家。

他在苏州，不是收藏爱好者，是一个唯利是图的商人，据说他有着毒辣的眼光，一眼便可看穿收藏品的真伪与否，他只关心的是收藏品的品质，从来不问藏品的来源。很大程度上，我们是冲着这点，因为是为义军筹集善款，一旦被发现，便是杀头诛九族的死罪，所以谨慎点总是没错的。

而此时，钱谦益的学生钱横却突然来府上拜访，此人极其狡诈，大明王朝灭亡之后，他投靠北军，居然也混了个不大不小的官儿。

"老师，师母，听闻老师辞官回来，今日学生钱横特意来拜访师父、师母。"说完便作揖叩拜，贼眉鼠眼的样子让我觉得有些厌恶。

"嗯，钱大人想来是无事不登三宝殿吧，今日到我府上来是有何贵干呢？"钱谦益的脸上有些冷漠但又不失客套。

"呵呵呵，素闻老师的绛云楼珍品无数，学生早已仰慕已久，奏销案想来是让老师经济上很吃力吧。学生愿意倾尽全力帮助老师渡过难关。"听他这么一说，我顿时明白过来，钱横是奔着绛云楼的珍品来的，我们再缺资金也不会把珍藏卖给一个人品如此恶劣的人，况且在这个关键时刻他突然造访，是绛云楼藏书要卖的消息走漏了出去，还是怎样，我们无从所知。

"真是谢谢钱大人的抬爱了，这些珍藏是尚书公半生的心血，就像我们的子女一般，我们不会卖掉的。"我怕谦益尴尬，马上把话茬接过来。

"难道就不怕到时候身陷囹圄？哼！"钱横的脸上显现出不死心的表情来。

"谢谢钱大人的关心。"我继续回绝，脸上带着些不容置疑的微笑。

"既然老师与师母这么决绝，那以后要是出现什么情况，别怪老夫不搭救，哼，学生告辞！"说完便气冲冲地拂袖而走。

"哼，这种卑鄙小人，也想来打绛云楼的主意，真是痴心妄想。"他前脚刚一离开，钱谦益便不再掩饰自己脸上的愤怒之情。

"老爷，你先别气，你仔细想想，我们前脚刚准备要卖绛云楼的藏书，他后脚就跑来要支援我们，这其中是不是有什么蹊跷啊。"我分析给钱谦益听。

"或许只是一个巧合，他早就垂涎绛云楼的藏书已久，对了，昨日我派管家已经跟书商商量好了见面的时间，我们已经没有退路啦。"钱谦益说完默默地叹了一口气。

第二日深夜，古董商便乘船来到了绛云楼，他一走进绛云楼便两眼放光。

我一直从早上坐到晚上，看着哪一本都不舍得割爱，从我入钱家开始，谦益为我建绛云楼，我和谦益把书籍排序分类，日夜朝夕相对，很多还在旁边作了标注与批示，即使夜里不点灯，我也能准确无误地找出书籍的位置，而现在……一想起这些，我的心便如刀绞一般，我看了钱谦益一眼，他满脸的忧愁与不舍，可是，我们还能想出什么办法来吗？

"我……我不卖了。"钱谦益看着商人一本本地抚摸自己的珍宝，忽然说出这样一句来，唉，这同样也是我的心声啊。

"这，这怎么行，我出五千金！"商人慌张起来，瞬间价格翻了一倍。

我看着钱谦益，他变得平静下来，似乎是想起了商人此行的目的，痛苦地闭上了眼睛点了点头，我的泪水瞬间便夺眶而出。

书商与我们约定，第二日傍晚来取货，到时一手交钱一手交货。

这是最后的一天了，我坐在绛云楼与藏品们告别，一个个的抚摸过去，像是在跟自己远嫁他乡的女儿告别，我拿起鸡毛掸子，掸去书上的丝丝灰尘，像是为出嫁的女儿最后画一个精致的妆。我把书本一本本地码号，贴上标签，放上防虫的樟木球，现在除了能祈祷它能找到一个珍爱它的好人家，我还能做些甚么呢？我怀着极大的悲痛做完这些，可是我不敢哭，我怕我的泪水忍不住，我怕哭声让钱谦益听到更难过，我努力地压制着自己，可是悲痛却像一股深不见底的潮水，慢慢地把我淹没掉了。

不觉间就到了午饭的时间，我努力把自己调整到一个最佳的状态，好掩饰自己内心的痛苦。

"老爷，或者我们少卖几本，我这边还有一些你当年给我的聘礼，还记得那个凤凰碧玉钗环吗？我们可以把它卖了，这样就可以少卖掉几本书了……"我的话还没说完，钱谦益便马上制止道，"不行，那凤凰碧玉钗是你我二人的定情信物，怎么可以随便就卖了，我钱谦益还没穷到那个份上！"他说着有些气愤。

"好好好，老爷，我知道了。"我不敢再说些什么。

整整一个下午，钱谦益都呆在绛云楼，我可以想象出他抱着自己的珍品与它们告别的样子，我不想打扰他。收藏的书本对于一个爱书人来说，无疑像是摘了他的心儿。

夜幕并没有按照我们的想象来得迟缓，夜色变得越来越浓重。黑夜像是一张密不通风的网，一下子就把绛云楼拉了进来，一切都像平常一般的无声无息。只是……

我站在绛云楼前，看着绛云楼一点点的背淹没在黑暗之中，是时候了。我叹了口气，拿起一盏明灯，顺着台阶一步步地走到绛云楼里。

　　楼里很黑，我推开门吱呀的一声，在黑暗中显得格外的响，我举起灯笼，看见钱谦益坐在黑暗中一言不发，我似乎能感受到钱谦益那颗在泣血的心，那些无声的哀鸣声更如剜掉我的心脏，我慢慢地走近他。

　　"夫人，你来了，是到时间了吗？我这就起身。"我什么都没有说，走到他的面前，放下手里的灯笼，在黑夜中紧紧地拥抱着他。

　　"老爷……我知道这无疑是摘了你的心脏，你所有的痛苦我都懂。"我紧紧地抱着他。

　　"夫人，为了故国，为了雪耻，为了你和小照儿，我什么都愿意。"此刻的我，是如此的幸福与温暖，哪怕前面是刀山火海，我也要跟谦益一起去闯一闯。

第二节　河东君海上犒师

不觉间初冬已经来临，晨时的天色明媚透彻如一方通透的琉璃，在光影的召唤之下，更显得明艳生辉。飞絮蒙蒙如香雾轻卷，偶尔的一阵小雪，在狂风的吹拂下，飘飘洒洒，别有一番味道。绛云楼后的梅花又开了，只是我和谦益早已没有了之前赏梅时的那份恬静与悠然自得。

义款终于筹集得差不多了，可是谁送到海上去呢？这成了一个难题。我陷入了深深的思考之中，钱谦益是从清廷告病回乡的，他肯定是不能去，他一行动，目标太大极容易暴露，他一暴露不仅整个钱府要株连九族，义军的复国大计也会受到影响，而我们费尽心机筹集的善款，又怎么能轻易地交给别人呢？思来想去，我便主动请缨。

"不行！不行！你去？这太危险了。"听完我的想法，钱谦益马上摇头表示不同意。我怎么会不知道此行的危险呢？这有可能是我与女儿与谦益此生的诀别，可是我知道，我是最佳的人选，没有人比我更合适。

"老爷你听我说，第一，我曾经常年漂泊与水上，我深谙海上的路线，这是任何人所没有的优势，第二，老爷你不要忘了，你的河东君是有多么的机智与聪慧，我会想尽一切办法顺利到达的，你要相信我，再者，老爷你不要忘记了，河东君的剑术很不错的，我可以自己保护自己，还有就是我个人的一点私心，我想去看看那些为我们国家复起的义士们，我要亲口告诉他们，我们的国家需要他们，老爷，你就给我这样的一个机会吧。"我的语气里面充满了乞求。

"这……"钱谦益不再说话，默默的闭上了眼睛，算是默认了。

动身那天，我抱着女儿亲了又亲，不觉间女儿已经快两岁了，她抱着我的脖子，不停的呼喊"阿妈抱……"每一声都像一把尖刀，刀刀刺在我的胸口上。我的泪水忍不住流下来，我把脸颊放在女儿的颈窝处，亲了又亲，然后果断地把女儿抱给了烟儿。

"烟儿，我有些话要嘱咐你。"我把她拉到一边，"烟儿，如果此去我不幸于难，小姐就托付于你了。"

"小姐，不要。我要与你同去！我现在就去收拾行李。"说着便要往厢房里面跑。

"烟儿，你回来！好妹妹，你该知道自己肩上的担子有多重啊，你还有很多的事情要做，我答应你，我一定会安全回来的！"我怎能不感动，这个丫头，从十几岁陪我到现在，我的心里对她全是愧疚感，怎么舍得让她去陪我冒险？

我又走到钱谦益的身边，努力地挤出一个微笑来，这几日他忧心忡忡，满脸的疲倦，似乎又老了几岁。

"老爷，我一定会安全回来的，你等我！"

"河东君保重！"他攥着我的手，因为用力而显得关节发白。

"尚书，你也要保重！"我的眼神里全是对钱谦益和女儿的不舍，可是，我知道，这个时候的我一定要挺身而出。

船在海上航行了三天三夜，我凭着自己的聪慧与睿智，终于顺利地找到了义军的大部队。

我的到来在义军中掀起了一阵欢呼声，他们让出了最好的营房给我住，为我备上上好的饭菜，还为我添置了一套盔甲的戎装。

来海上的第一天，我躺在海边的小木屋里，周围是将士们练兵的呼喊声，训练时拉弓搭剑的声音，曾经在我梦里出现过上万次的场景，现在竟然真实地出现在了我的身边，我不禁心潮一阵澎湃，怎么能休息得下？于是我起身在海滩上随便走走。

窗外便是大海，阵阵海风吹得我的头发有些凌乱，一个浪头接着一个浪头打在岸边的礁石上，发出让人振奋的惊涛拍岸声。我望着一望无际的大海，浮想联翩，如果说半野堂下的尚湖是一个柔美的少女，那这大海便是一个彪悍的男子，这样的地方确实容易让人心潮澎湃，我忽然想起了谦益，不知道此时的谦益和女儿在做什么。

忽然身边有两个义士走过，我仔细地打量他们，额头上带着清一色红色的方巾，皮肤晒得黝黑，嘴唇在海风的吹拂下变得干裂，海浪吹拂起他们的衣衫，看着他们，我对自己说，这便是我们的义士啊，是国家复起的希望。

第二日一早，我便请求照顾我的侍女去通报张将军，说我要去拜见他。

张将军就是张煌言将军，他一人生擒二十敌军的事迹在民间广为流传，今日来海上，我必要去拜访他。

我穿上昨日他们为我打造的铠甲，配上从半野堂带来的塑青宝剑，头发挽了一个发髻，刚收拾妥当，便听见外面有人报，张煌言将军来了！我抓紧站起身来相迎接，只见来者气宇轩昂，皮肤黝黑，一双眼睛炯炯有神，腰间别了一把宝剑，一进门便向我作揖，"久闻河东君的英明，今日总算是见到了！"

"将军有礼。"我们详谈了五百义士的海上生活及状况，我崇拜他的忠义与勇猛，今日看到他，我更是对他敬佩不已。

"对了，夫人，等下有位将军要来看你。"

"这……请问张将军，是哪位将军要来看我？"我看着张将军的脸，他露出似笑非笑的表情。

"哈哈哈，这是个秘密，钱夫人等下就知道了。"既然张将军如此说，我也不好再继续追问下去，便点了点头，准备跟张将军去海上拜望五百义士。

我跟着张将军及随行的士兵乘坐小船前往他们的训练基地，一路上我都心潮澎湃激动不已，终于要见到五百义士了，我因为紧张和激动脸颊有些微微的发烫。

在张将军的带领下，每到一个营寨，便发出巨大的欢呼声，我们受到了热烈的欢迎，我拿着我和钱谦益辛苦筹集而来的义款，递给五百将士的首领姚神武，只见他颤抖地接过，半晌不说话，拉着我的手激动地说了句："河东君，辛苦了！"

我们站在高台上，看着台下的五百义士着清一色的衫，带着红色的头巾，天微微的下起了小雨，远处便是一望无际的大海，海水与天际的尽头微微泛白，阵阵鸣笛声传来，使得我的心情更加的豪迈。

"河东君，跟将士们讲讲话吧。"张将军示意我给将士们打打气。

143

"将士们，我柳如是今天斗胆代表江东的父老乡亲们，乞求各位将士们定要收复失土，复我大明江山！"我略微停顿了一下，平复了自己的心情，继续说道，"将士们，我代表异族统治下的妇女们，拜求你们了！"说着便俯身一拜。

"收复失地，还我大明！"将士们振臂高呼起来。

"师母！"我忽然听到背后有人在叫我。

"大木！不，延平王……"我一阵惊喜，他不是在闽中吗？怎么会在这里？

"学生拜见师母！今日听到师母要来犒师，学生不胜欢喜，故来拜见，还望师母原谅。"

看着大木，比在半野堂的时候显得愈发清瘦了，长时间的海上生活让他的皮肤有些龟裂，一身铠甲，浓眉大眼，铮铮的英雄形象，再想起之前有关他力谏其父、勒兵抗敌的传闻，心里不禁涌起一阵敬佩之情。

"什么延平王啊，还是用旧称就好，大木。"大木爽朗地笑起来，脑海中一下子浮现出在半野堂拜师的场景。

时间真是改变了很多，当初略显稚嫩的大木现在也变成了雄震四方的大将军，我不禁感慨万千。

第三节 海上舞剑振雄风

一阵阵的海风袭来，阵阵的擂鼓声直击胸腔。

众将士盯着我和大木看，露出吃惊的表情，似乎大木也察觉到了将士的惊奇，于是转身向众将士说，"柳夫人不仅在文学上有极高的造诣，剑术也很不错呢，有哪位将士愿意跟柳夫人过下招呢？"

我瞬间明白过来，郑将军是为了让我的剑术来激励众将士的士气，我往台下一看，五百将士面面相觑，无一人应战。或许他们是因为不了解我的剑术而有所顾虑吧。我大步地向前走了几步，一把抽出腰间的清风宝剑，对众将士说，"小女子不才，虽然师从名门，但是长久的不练习，早已有些倦怠，今日不知哪位义士愿意陪我耍几下，以娱大家？"

我前面刚说完这些，便看见众将之首的姚神武一下子走出行列，亮出自己的宝剑说，"柳夫人，我愿意陪你耍几下。"

"好，姚将军，那我们就开始吧。"我双手抱拳，做了个开始的姿势。说时迟，俩人便已经拉开了架势，只见姚将军青色的剑光终于冲天而起，剑在空中虚虚实实换了三个剑花，如蛇吐芯一般，便向我冲过来，我也丝毫不退却，腾空而起，周围的将士看着我们比试起来，整个气氛得到放松，雷鸣般的掌声瞬间响起来。

只是才几个回合，我就发现自己的体力有些稍稍的不支，从生下小照儿之后，剑术真的是快被我废弃了，才不一会儿我的额头上便渗出密密麻麻的汗珠，眼看我就要败在姚将军的剑下了，只闻得国姓爷一声大笑起来，姚将军也顺势地往后退了几步，双手抱拳，"柳夫人收剑吧，小将要休息一下了。"

"哈哈哈，国姓爷这是救了我呀，眼看我就要败给姚将军了。"我洞穿了郑生的心思，不禁大笑起来。

"哪有，师母文武双拳，我很佩服呢。"周围响起了众将士的掌声，我忽然心里有个想法。

"姚将军，今日你我挥剑比试，这清风宝剑是师父赠予我的，希望我可以为自己争取到独立与自由，我一直拿着这把剑，而今师父为了故国的大业，死得十分悲壮惨烈，他追求独立与自主的精神永远不会死，今日我把这把宝剑赠予姚将军，希望你可以带领众将士奔赴战场杀敌无数，争取我们的独立自由！姚将军，请接受！"我一下子跪在地上，双手把剑举过头顶。

"为死难者报仇！报仇！'众将士又齐呼起来，场面悲愤而肃穆。

"柳夫人，快请起。"姚江军说着便接过清风宝剑，举至头顶，转身向众将士示意。

"为死难者报仇！"阵阵呼喊声在整个海岸上挥之不去。

"神武必定不负柳夫人的翊望。"

第二日，国姓爷单独邀请我去他的军营参观，我把自己想留在义军军营的想法告诉他，他看着窗外的大海，略想了一下说，"师母，你现在暂时还不能留在军营里面，我们知道你侠骨柔情，一心为故国的复国事业费尽心思，现在有个重任，你是最合适的人选。"

"只要故国需要我，我一定全力以赴。国姓爷，你说吧。"一听到故国需要我，我就觉得自己浑身充满了力量，每一个毛孔都张开了。

"好，师母，这是我们急需的一批海上物资，需要你以其他的身份来交涉，这个是地址，师母，这件事情就拜托你了，越早越好。"他递予我一张纸条。

"好，郑生，那我即刻启程，去做这件事。你要多保重啊，复国大业就在你们手上了。"我看着郑成功，不禁热泪盈眶，此次一别不知道何时才能相见。

"师母，你也要保重。"

我与众将士一一道别，便开始启程返回半野堂。

顺治五年的盛夏，天气酷热难当，我和钱谦益还有女儿在尚湖上泛舟，女儿已经学会了蹒跚学步，欢声笑语响彻在整个尚湖。夏日的太阳着实耀眼，我们便把小舟停靠湖心茂密的荷叶下，钱谦益半眯着眼睛，躺在小舟上，闭着眼睛休息起来，女儿也累了，在我怀里小憩。我躺在荷叶下，只觉得一股清香扑鼻而来，随着呼吸慢慢沁入心脾。船随着水波微微荡着，仿佛置身云端。四周一片寂静，让你的心也渐渐沉静了下来。水面上的凉气和太阳的温暖交错在一起，刚刚好，不冷也不热。

这是我们为数不多的悠闲时光，从我回来之后，整日的忙于郑生交代的事，联合了江苏地方的五大官商，囤积了大批的粮草，事情一做完，紧张的心情顿时开始放松起来，才有闲情逸致与谦益和女儿泛舟尚湖。

"老爷，夫人，出大事了，不好了不好了！"大管家的声音忽然打破了湖面的宁静。

"又怎么了！好好的一个午后又被你破坏掉了。"钱谦益的脸上有些愠色，让船夫把船向岸上划过去。

"老爷，夫人，海上传来消息，我们这次的起义，兵败了！"说完便嚎啕大哭起来，手里还拿着一个大箱子。

"啊，兵败了……"我看着钱谦益的脸瞬间黯淡下去，苍老有时候真的只是一瞬间的事情，耀眼的阳光照得我睁不开眼睛，我感觉我的心有种撕心裂肺的疼痛，眼前一阵眩晕，身体紧接着不停颤抖起来。

"张煌言将军带领五百将士从舟山行至崇明岛的时候，不幸遇见了台风，船只被吹散，张将军和两个友人从海上逃出来，投靠故友的家中，哪知道故友早已变节，揭发张将军是复国乱党，被清廷给抓走了。"我忽然想起了海上遇见张将军时，他黝黑略带微笑的面庞，泪水忍不住地流出来。

"还有一个消息……"大管家略微迟疑。

"快说！"谦益忽然声音变得很大，女儿被吓得大哭起来。

"烟儿，带小姐回去休息。"

"陈大人……也被敌军抓了起来，严刑拷打，最后……趁敌军不注意，一下子投水自尽了！"我一下子瘫坐在地上，我觉得自己的心正在经受毒焰烧炙，我们辛辛苦苦筹备的五百水军被打散了，子龙也死了，我一下子不知道活下去的意义是什么了。我看了钱谦益一眼，他默默地闭着眼睛，表情很痛苦。

第七章 谁言女子非英雄

147

"还有，夫人，这是陈大人的遗物，是郑将军派人送来的……"说着便把身边的盒子给我，我哆哆嗦嗦地打开，是我之前写的诗稿《戊寅草》，上面还有他作的序，"余览诗上自汉魏，放乎六季，下猎三唐。其间铭烟萝土之奇，湖雁芙蓉之藻，固已人人殊，而其翼虚以造景，缘情以趋质，则未尝不叹神明之均也。"看着这些句子，我恸哭不已。

夜色是那么的凄凉，我默默地坐在后花园为子龙烧些纸钱，以告慰他的英灵。盈盈的火光照得我的脸颊有些微红，我似乎从微弱的火光中看到了子龙那张英俊的面孔，想起了我们曾经在小红楼一起度过的甜蜜往事，他为我画螺子黛，我为他写诗画像，而今，已经阴阳两界相隔，想到这些，我怎么不难过？

犹记得子龙去赴京赶考的那天，蒙蒙的小雨，我远远地看着他，直到他乘坐的肩舆消失在小路的尽头，没想到这一去竟是永别，我可以想象出子龙投水的那一刻，定是极其的悲壮，张将军被抓了，子龙死了，我大明何时才能重新复兴起来？想到这些，我潸然泪下。

第四节　钱谦益锒铛入狱

复国的力量并没有因为受到挫折而停滞不前，复国的力量像一阵春风，经过短期的休整，又开满了祖国大地。

被海风溃散的将士大都已经回到了海上，内地的复国之势以迅雷不及掩耳之势迅速反弹起来，复国的火苗变得越来越强大，我常常和谦益相互安慰，复国的旗帜不会这么轻易倒下的。

张煌言将军被捕之后，在酷刑下仍然没有供出一个同党，最后在狱中留下一首绝命诗：

> 人闻忠孝本寻常，
> 墙壁为心铁石肠。
> 拟向虚空警日月，
> 曾于梦幻历冰霜。
> 檐头百里青音吼，
> 狮子千寻白乳长。
> 示幻不妨为厉鬼，
> 云期风马画飞扬。

然后愤然咬舌自尽而亡。钱谦益的身体也变得病恹恹的，在经历了那么多的打击之后，钱谦益整个苍老下去，头发和胡须已经斑白，我们常常无言相对而坐，心中全是对故国的思念和对前途的迷茫，本以为可以安静地过些时日，却未曾想到一场横祸意外飞来。

十一月的时候，天气渐渐寒冷下来，朱姨娘派人给我送来了一件深冬的棉衣衫，年纪越大，我俩倒是越能聊得来，这倒有些出乎我的意料。

我的性子这几年也被磨平了不少，也跟着大夫人吃斋念佛起来，我常常在佛龛前，用经文的梵音压抑住心底的戾气，或许大夫人才是最能参悟人生的，人生再欢乐再难过，终将是一场戏。人生的种种，百转千回，我们也不过只是其中的一个戏子，而淡淡温暖的神情才是最相宜的。

"小姐，不好了，官府派人来，要把老爷抓走！"烟儿气喘吁吁地跑进来。

"什么！快带我去看看！"我放下手中的毛笔，狂奔出去。

我的脑袋在飞快地算着形势，难道是支援义军的消息走漏了？我们每次变卖东西都十分小心，而我每上犒师的消息更是只有几位大将军知道，他们是不可能把消息走漏出去的，就算走漏出去，要抓也应该抓我啊，我左思右想也不知道究竟是什么原因。

等我见到谦益时，他已经手镣脚镣加身，一抬脚便发出叮叮当当的响声。

"老爷！"我的心里一阵酸楚。

"夫人，照顾好这个家……"他哽咽了。

"尚书公，此去路上你不会孤单的，烟儿，快点收拾好我的行装，我好陪尚书公去金陵。"

"夫人，你要陪老爷去金陵？那小姐怎么办？"烟儿一说到小照儿，我觉得自己的眼泪快要流出来了。

"对啊，夫人，你不能去！金陵那么远，你的身体怎么受得了！"

"不行，我一定要想办法把你救出来，我不能看着你眼睁睁地受苦，烟儿，小姐就暂时交给你了。"我紧紧地抓住烟儿的手。

"阿妈……"不知道什么时候，奶妈抱着小照儿出现在了人群之外，女儿眼睛大大的看着我们，头上梳了两个小辫子，因为顽皮而搞得有些松散，我撩开人群，走到奶妈旁边，抱起女儿，紧紧地贴着她的脸颊，三岁的她用小手摸摸我的眼泪，用稚嫩的童声说，"阿妈，不哭……"我的眼泪像断了线的珠子。

"女儿，阿妈要出远门了，你要听话。"我看着钱谦益，此刻的他早已老泪纵横。

"快点，不要耽误时间了！"官大爷催促道。

"麻烦你了，官爷，我的丫鬟在帮我收拾行装，马上就好。"说着我递过一个银锭子到官爷的手上，他瞬间笑逐颜开。

"好说，好说，不过还是要快点的。"他说话的时候，两只眼睛仍然离不开手上的银锭子。

"夫人，你陪我去金陵的心意我领了，但是你要知道，我们的孩子不能没有你！"

"尚书，你糊涂啊，正是因为我们还有后代，我不能让你独自去承受，这也是为了我们的孩子呀。"我说得情真意切，钱谦益也不再说什么，闭上眼睛。

他缓缓地向半野堂的大门走去，他看着远处的虞山，默默地叹了一口气，叮当叮当的脚镣手镣声回响在整个半野堂。

谦益，你走了，我所有的美梦都将化为一团狼藉。

谦益，佛不能度人，我们终将还是要靠自己度自己，靠一己之力去保全与拯救。

钱谦益被押解到金陵之后，被关押到了刑部下属的大牢里，我想起了自己曾经在南都时候的一些故交，可想来也都是些泛泛之交。更何况在大难的时候，那些原本就泛泛之交的人变得更加冷漠，人性的劣根性一下子就表现出来了。

而这个时候，我忽然想起来了以前在南都时的一个座上宾司马老夫人，司马夫人为人谦和，跟我交情甚笃，而最重要的是，司马夫人的儿子司马慎可与当今的新贵们交往过密，手上也有很大的权力，所以我一来西陵，就抓紧去拜访司马老太太，老太太二话没说就为我安排了住在她府上，还特意为我找了两个贴身的侍女。

司马左史在司马老太太的督促下，以最快的速度帮我打听清楚了钱谦益案件的原委，原来是他的得意门生钱横告发了他！钱横的管家，偶然一天在古玩市场淘到了一件古玩，认出了是绛云楼的藏品，于是告诉了钱横，钱横便在这件事情上大做文章，告发钱谦益是乱党，因为支海而变卖绛云楼藏品，钱谦益才被抓起来。

"哼，原来是这个狗贼，钱横早就垂涎绛云楼的珍品，来收买无果，便要诬告尚书，真是一个卑鄙无耻的小人！"司马夫人转告我的时候，我无法掩饰自己内心的气愤之情。

"这个钱横，我早就听慎可说过，人品是极差的，靠着一张巧如弹簧的三寸不烂之舌，爬到了现在浙江按察使的地位，唉，尚书公这次是遇到小人了。"司马夫人叹了口气。

"司马老太太，为了还清奏销案的银子，我们确实卖过一些珍藏，而现在钱家的财政大权在我的手上，变卖是我做的，要死也该是我去死啊！"我的眼泪流出来，"司马老太太，我求你救救谦益吧，他现在年纪大了，身体也不好，怎么能受得了牢房的风寒？我宁愿代替他去坐牢。"

"唉，河东君，你这样的女子世间真的少有了，我一定让慎可多活动下，你也不要太悲伤了，这也是命啊！"她抱着我，眼睛里泪水涟涟。

第二日，我便给刑部尚书大人亲笔上书一封，痛陈了我们为还朝廷的奏销案而变卖家产的始末，更是写下了我与尚书公之间的温情。或许是我舍身救夫的精神，再加上司马左史暗中相助，这件谈虎色变的谋反案最后也不了了之了。

顺治八年的冬天，钱谦益被刑部无罪释放，那天，我看着他佝偻的身影，他的目光早已经浑浊，再也不复当初的清澈如水，光影在我们之间弹指而过。我回忆着我们相识相爱的这么些年，匹嫡之礼时的幸福，奉城的悲凉，与他出现间隙与隔膜的那么些年，时光那么快，快到让我来不及思考。

我们就这样四目相对着，岁月改变了我们，唯一不变的仍旧是我们之间的温暖与温情，这么久以来的积郁与悲痛一下子从胸口喷涌而出，我扑倒在他的怀里缀泣不已，"尚书公，尚书公，你终于回来了……"

他紧握着我的手，无限的慨叹与唏嘘只化作一句话，"河东君，你辛苦了！"我们相依偎在一起。

"河东君，我们回家吧。"听到"家"这个字，我忍不住地再次缀泣起来，我是有多久没有享受家的温情了呢？

第八章

一世情缘若飞雪

把酒祝东风，且共从容，垂杨紫陌洛城东，总是当时携手处，游遍芳丛。聚散苦匆匆，此恨无穷，今年花胜去年红，可惜明年花更好，知与谁同。

第一节　钱翁怒斥钱横

半野堂的早晨，晨光金灿明朗，照在绛云楼的玻璃瓦上流淌出一片耀目的流光，连带着植物们都熠熠生辉起来，我最爱的九里香也盛开如繁锦，反射着清亮的光晕，姹紫嫣红一片盛开。

我和钱谦益刚刚回到半野堂的第三日，他的得意门生钱横便带着大管家来到了半野堂。一看到钱横，想起之前钱谦益牢狱之灾所受的苦，不禁怒火中烧，但想到他现在身居要职，我看到钱谦益竭力地压制着自己心里的怒火，强颜应付这个局面。

"前几日听说老师又牢狱之灾，学生暗中活动多日，听闻老师一出来我便特意从杭州赶来，带来些礼品给老师压压惊。"说着便示意管家从手里拿出一些礼品。哼！好一个伪君子！

"贤侄客气了，快请坐！"钱谦益的表情与之前并无差异。

"烟儿，快点给钱大人奉茶。"我微笑着朝他点头示意。

"听到老师被污蔑入牢，我整个人寝食难安，俗话说一日为师终身为父，好在我所求故人帮了在下的忙，这才使得老师能够平安出狱，学生今日特来恭贺。"听到钱横说这些，我整个人有种想从椅子上跳起来抽他一巴掌的冲动，看着他那张穷凶极恶的脸，不得不佩服他做戏的本领来。

再看钱谦益，已气得浑身哆嗦起来，在强忍下整个脸颊憋得通红，"呵呵呵，这么说来，老夫这次得以出狱，还全亏了贤侄啊。"我走到他身旁，暗中拽了他的衣袖一下，他努力地平复了下自己的心情，长长地叹了一口气。

"唉，老夫这次也不知道是哪里得罪了小人，要致老夫于死地，老夫自恃对人有礼有节，从未亏待过任何人，想不到此番竟有这种境遇！善恶终有报，恶人们等着吧！贤侄你觉得呢？"钱谦益的情绪又变得激动起来，特意把"恶人"几个字说得格外的重。

钱横狡黠的眼珠转了几圈，脸上稍稍的有些尴尬，但那种不自然的表情转瞬就没有了。

"呵呵，老师说的是，现在这个混乱的时代，什么人没有啊，老师消消气，身体要紧。那学生改日再来拜访老师。"看着钱谦益满脸的愠色，钱横拱拱手要撤退，带着管家灰溜溜地走出了房门。

钱横前脚刚走，钱谦益就拿起案几上的茶杯一下子扔到门框上，发出哐当的一声，"伪君子！"

"好啦，老爷，别气啦。"我轻拍他的背，他的背因为愤怒而一起一伏。

"我真是瞎了眼，居然收了这样一个学生！"是啊，想想大木，为了国家的利益在海上披荆斩棘，而钱横这样的小人，唉，人心险恶。

钱谦益从大牢中释放了出来，可是行动却仍旧受到束缚，需要隔半月便向知县大人行文，以汇报近日的行程，这使得我们的海上支援行动变得更加隐蔽起来。

一日午后，钱谦益闷闷不乐地回到家中，脸色铁青。

"老爷，你脸色怎么这么难看，发生什么事情了？"看钱谦益表情，我就知道又有不好的事情发生了。在经历了那么多大风浪之后，我以为我会变得淡然，可每次看见谦益的这种表情，我还是会忍不住的担忧。

"出大事了！今日一早我去知府大人那里去汇报几日的行程，他忽然不明深意地跟我说有位按察司大人看上了我们绛云楼的珍品收藏《大明史》，说要以重金相购，我心里忐忑了半天，难道是我们支海的消息又走漏了风声？上次的事情不是已经完结了吗？"听完这些，我的心咯噔一声，不好，想来是上次的事情还没有完结，想必还在暗中调查。

"按察司大人？如果我没猜错的话，那位要重金购买《大明史》的大人可能就是浙江按察司，你的高足钱横吧！"想起这些，我一阵气愤。

"哼！这个小人，只是，现在我们要如何是好呢？"钱谦益眉头紧蹙，脸上布满了愁云。

是啊，此时一旦被查出来，不仅是钱府要满门抄斩株连九族，连海上的反清活动也会遭到巨大的打击，还好，他们现在这样说，也算给了我们一个暗号，好让我们整理有所准备。

如何才能躲避知府大人来绛云楼呢？想起钱横的丑恶嘴脸，想起张煌言将军的惨死，想起义军上次的溃败，我的眼睛里似乎有一团熊熊燃烧的烈火，愤怒翻涌上来。

烈火？！我脑袋忽然想起了一个主意，看着钱谦益那张饱经沧桑的面孔，我的嘴唇痉挛了一下，没有说出我的想法，我知道这个方法虽然可以保全我们，保全义军，可对钱谦益来说，则是一个沉重的打击。可是，除了这个，还有其他更好的方法吗？

"什么？你要放火烧了绛云楼！这……"钱谦益瞪着眼睛看着我，他用力地攥着我的肩膀摇晃我，眼神里全是诘问与不相信。

"嗯，老爷，你听我说，这是保全我们最好的一个方法。烧掉绛云楼，卖书支援海上义军的行动也算画上了一个句号，以后就没有人再拿这件事情来威胁我们，其次，半野堂离知府很近，你的行动要处处受到限制，火烧绛云楼之后，我们就搬去红豆山庄住，这样就再也没有人监视我们了，而最重要的是，红豆山庄可以避去很多人的耳目，这样我们就可以更好地跟海上联系了。"我仔细地分析着火烧绛云楼的优势，但是我的心却在隐隐作痛。

我何尝又舍得呢？我想起了钱谦益为建绛云楼日夜不眠的夜晚，想起了落成时我们的喜悦，这每一部书都像是与我血脉相通，有多少个日日夜夜，我和谦益在绛云楼读书校注文字，我们对诗画画，过着跟赵明诚和易安居士一般只羡鸳鸯不羡仙的生活，而今，我们要亲手烧掉那些珍品和甜蜜的回忆，我们已经经历了一次忍痛割爱卖书，而现在……所有的一切都将化为乌有，这又让我如何割舍？

钱谦益眼睛变得空洞，双手徒然放开悬在空中，他的筋骨仿佛被人陡然抽掉了一般，半天不讲话，须臾，他像一只愤怒的野兽，拼命摇晃我的身体，"河东君，难道就没有其他的办法了吗？"

眼泪夺眶而出，我闭上眼睛，默默的点了一下头，他松开手，我们四目相对，我一下子扑到他的怀里哭起来，"老爷，我也舍不得它们！"钱谦益用颤抖的手抚摸我的头发，我可以明显地感觉到他身体的痉挛，我渐渐止住了哭声，只神色呆滞地望着窗棂上的雕花暗暗地出神，容色凄迷。

第八章
一世悴缘若飞雪

157

"好吧……"半晌，钱谦益默默地从嘴里说出这两个字，一下午我们都默默无语，只是这样痴痴地坐着，我们多么想再多在这绛云楼待上片刻。看着谦益衰老的样子，我别过头去，转望窗外的几株盛开的玉兰，那莹白厚密的花朵像是一只只雪白的冰雪盏，冷冷清清地开在春风里，不久之后，想来也会一并消失在火舌中吧，我黯然。

"老爷，夫人，晚膳准备好了，可以用餐了。"绛云楼下忽然传来大管家的声音，我从深思中被惊醒，再看看谦益也是，像是做了一个冗长而悠远的梦，迷茫的眼神忽然有了亮光，一下子扑倒在一摞书籍上，嚎啕大哭起来。

"老爷，你不要这样，不要这样，这会让下人看到的……"钱谦益像个孩子一般大哭，我的眼泪也像断了线的珠子。

"等下趁着夜色，我会把绛云楼里重要的藏书搬出来，老爷，为了我们的大明江山……"我们这对患难的夫妻紧紧地相拥在一起。

第二节　火烧绛云楼

夜风中依然带着些白日里遗留下来的温热，明明是初夏的天气，我却只觉得从头到脚都是冰凉的一片，似乎全身的血液也被冻结了一般，心里一阵一阵的疼痛。整个半野堂在夜色中显得极为静谧，我站在绛云楼下，看着这宁静的一切，我知道接下来便是一场撕心裂肺的疼痛，黎明前的黑夜貌似是安逸的，二更的梆子静静地敲过。

我拿着一只灯笼，灯罩上的"钱"字被照得格外耀眼，我脚下踩着木质的楼梯，发出吱吱嘎嘎的响声，夜色刚刚朦胧的时候，我与谦益早已开始搬出一摞摞书，直到筋疲力尽，而现在看着这些我们已经无法拯救的书籍，我的手指微微地发颤，一本本的抚摸过去，就像是在抚摸自己的儿女。

这些书籍是钱谦益半生的心血，江左一带的读书人把走进绛云楼看做是一种荣耀，是文人们的书库，把酒言欢的地方，这里有我太多的回忆。我从每一本书里汲取营养，我从书中知道了"君为轻，社稷为重"的古训，义无反顾地踏上了支持义军的道路。每一本书都是我的骨肉，而今我要亲手杀死它们。

蜡烛在不停地滴油，眼看就要烧到尽头，我拿起桌上的一张宣纸，手指颤颤巍巍地点着，纸燃烧起来，我的心跟着颤抖起来，忽然想吹灭它。

我忽然看见了子龙那张熟悉的面孔，脑海中是他慷慨就义时的决绝，现在这些又算什么，我的手指一抖，燃烧的纸掉进纸篓，整个纸篓燃烧起来，随即烧到了床边的窗帘，我抓紧拿起一摞书，掩上门，我痛哭不已。我胆战心惊地跑回厢房内，抱起正在熟睡的小女儿，来回踱步，不一会儿，透过窗子看见钱谦益抱着一摞书从绛云楼跑出来，一边跑一边哀嚎，"着火了，着火了。"

我把女儿递给奶妈，径直往外跑，只见此时的情景已是大乱，仆人们争先恐后地拿着木桶，试图想扑灭大火，无奈火势太大，我看着盈盈的火光，无声地哽咽与祷告，如果这些书本是有灵魂的，那么就让这火来告慰死难者的英灵吧。一层层的悲痛默默地涌上心头，泪水潸然泪下，大滴大滴的泪珠灼烧在脸庞，晕出斑驳的泪痕。

忽然一阵巨响，绛云楼的主脊梁坍塌了，谦益跪在地上，手里抱着一摞书，恸哭不已。他发出一阵哀鸣，周围的人也发出阵阵的呜咽，仆人们跪了一地，看着这漫天的火势，听着木头和砖瓦燃烧的噼剥之声。

随着时间的推移，东方的火光渐渐衰弱下来，一颗启明星出现在绛云楼的上空，烟雾和火光渐渐微弱下来，绛云楼的残躯快要燃尽了！

绛云楼一夜之间化为一片灰烬，这个消息一下子就传出去了，那些已经目睹过绛云楼风采的儒士们均扼腕叹息。知县大人特意派了人来调查，仆人们都一口咬定是夜里绛云楼不慎起火导致的，最后的结果也不了了之。

对镜时，慌觉自己这几日的变化，苍老的速度之快，我不禁愕然。我看着镜中的自己，鬓角处的发根已经有了些微的银色，肤色毫无光泽，眼角处已有了很多的细纹，曾经费尽心机保养皮肤，而今却……仿佛数十年的时光匆匆地在我脸上奔跑过，留下了全部的痕迹。

我常常会抱着女儿看绛云楼的残迹，一言不发。

"阿妈，你在看什么呢？照儿觉得一点都不好看。"稚嫩的童声，让我想落泪。

"阿妈在看绛云楼，那里有很多很多的书，照儿以后也要读好多好多书好不好。"我俯首吻了吻她光洁的小额头，她忽然发现我流泪了。

"阿妈，你怎么哭了？"她嫩嫩的小手抹着我的泪水。

"没有，阿妈眼睛里面进沙子了。"女儿尚幼，怎会懂得这些曲折的心事，只是乖巧地点头，然后在我的脸颊上亲了一口。

"阿妈，照儿冷。"说着小脑袋往我的怀里钻。

"嗯，阿妈不好，忘记多给你穿件外衣了，我们回厢房里。"

"阿妈，照儿最乖了。"如果女儿可以永远那么快乐就好了，她已经慢慢地学会了自己吃饭，有了自己的思想，或许有天她会长大，也会爱上一个人付出很多很多，我忽然很惧怕她的成长。

后来按照预定的计划，我们全家便从半野堂搬去了钱家的另一处产业红豆山庄，红豆山庄原是谦益母亲家的产业，高祖是一个贤士，为了躲避腐败的吏治，来到了这里，在山上植满了芙蓉，过着饮醉赋诗的生活，而到谦益的舅舅时，在山庄的门口处种了两棵红豆，渐渐就变成了红豆山庄。

秋风卷起红豆山庄青石板上的一些枯叶，显得瑟瑟有声，我倚在山庄的小亭子里，感受着风中的微凉，满地黄花堆积，触目皆是没有生命的枯黄色泽。钱谦益的身体常常抱恙，常常一个人躲在书房里看书，一言不发，一晃就是大半日，我知道火烧绛云楼对他的伤害，或许时光会慢慢将伤口抚平。

搬到红豆山庄后，我快速地与海上义军及永历小朝廷联系上，红豆山庄渐渐地变成了海上义军的一个联络地。而此时由于瞿式耜的大力举荐，钱谦益被任命为东阁大学士。这一天，整个红豆山庄都洋溢着喜悦之情，重获故主的信任钱谦益大为开心，一下子从病榻上坐起来，只有我知道，钱谦益为了今日能够重获故主的信任做了多少的努力。

可是就当我和钱谦益准备为赴职而准备的时候，不幸的消息再度传来，清廷大规模攻打舟山，很多义士殉国，听到这个消息时，我和钱谦益悲痛万分。

然而让我们振奋的是，第二年，也就是顺治九年，义军们在郑成功的带领下重整旗鼓，一举攻下崇明岛，我似乎又看到了复国的希望。

顺治十年，复国的春风继续向南吹拂，过了长江，一举收复镇江，以郑成功为首的复国大军继续筹谋，准备一举收复故土。

时光似一匹上好的绸缎，染着幽深的光影，顺治十年的春天姗姗来迟，我在红豆山庄的小木亭子里，与谦益喝酒作诗，义军打过长江的消息一传来，我和谦益就兴奋得夜不能寐，山风阵阵传来，沁凉地涌上我精致的脸庞，风一吹，我的数尺青丝飘飘的举在风中，我竟一下子觉得自己年轻了，好似在归家院的哪些日子，风吹着头发，我也不想梳理起来，无拘无束的感觉真好。

彼时芙蓉山庄开得最艳的也是芙蓉了，我凝视着它们白皙的面上轻荡起一抹粉红，芙蓉飞扬如轻红的雨雾，我不禁看得有些出神。

"河东君，看什么竟看得这样出神。"钱谦益打断了我的思绪。

"无他，芙蓉而已。"我微微一笑，这几年钱谦益老得很快，头发几

第八章　一世悼缘若飞雪

161

乎已经全部斑白，皱纹横生，牙齿也变得松动，完全是一副老人的样子。我看了下远方，脑袋里浮现出我初访半野堂时他气宇轩昂的样子，一瞬间有些心酸。

"河东君，你知道先祖为何喜欢植芙蓉吗？"他看着我，嘴角微微一笑。

"难道还有故事？"

"嗯，从前，有个人叫胡勇，他路过水塘的时候，看见一个孩子失足掉进了水塘，胡勇一下子就跳进水里，孩子被救上来了，胡勇死了。当地人为了纪念他，就以他名字的谐音，给这种花取名为芙蓉，所以，我们的山庄是勇敢的山庄。"

"千林扫作一番黄，只有芙蓉独自芳！"芙蓉山庄宁静致远，天色渐渐向晚，满壁斜阳腾空，真的好美。

第三节　钱横再生事端

岁月像是一条永无止境的河，不觉间就走了六年，顺治十六年，西风一紧，天气就寒冷起来，红豆山庄内，我一直暖着炉，炭盆被烧得发出吱吱的声响，房间里暖烘烘的。

六年在岁月的长河中不过是惊鸿一瞥，而对于我和钱谦益来说，这六年为了故国的事业，我们分分钟都是在刀刃上走过的，度日如年也不过如此。这六年钱谦益以游览名山大川的名义，支持复国行动，而我则以贵妇的身份负责海上义军的联络，每日都过得异常艰辛。

我抬起头看着外面厚重的云层，霍霍的起风了，想来是要下雪了吧，前几日钱谦益来信，说这几日要回来，然后与我一起去看望大木。

忽然，门吱嘎一声开了，一阵寒气进来，是钱谦益回来了。

"感谢老天，你终于在大雪封山前赶回来了，尚书真是神机妙算啊。"我走过去帮他掸掉身上的积雪，顺势解下斗篷。

"呵呵呵，天助我也啊，这江山还是我大明的。"钱谦益笑逐颜开。

我伏在榻上，为钱谦益斟了一杯热酒，举至娥眉处，笑意盈盈地说："请尚书大人喝了这杯酒。"

"哈哈，有劳河东君了。"钱谦益一饮而尽。

此时我透过窗户往外看，大雪像鹅绒般的一下倾斜而来，犹如天空织了一张密网，不多一会就银装素裹起来，绕城的芙蓉亮闪闪，一切洁白如新。

"老爷，快说说外面的形势怎样了？"我迫不及待地询问。

"外面现在……"钱谦益话还没说完，便听见外面大管家的声音。

"老爷，夫人，外面有客人求见。"大管家轻叩门环。

"谁？"钱谦益问道。

第八章　一世悱缘若飞雪

163

"是浙江按察司钱横钱大人的管家钱万恭。"大管家毕恭毕敬地说。

"钱横的管家？他来做什么？"我的心里不禁一哆嗦，只要钱横这个名字一出现，必会有不好的事情发生。

"老爷，你还是小心一点，我陪你去见他。"我和钱谦益往大厅处走，看见钱万恭的身影慢慢出现在视野中，大雪封山，这个走狗来做什么？我边走边思考他的来意，好找些招式接。

"钱管家三十里大雪而来，快请坐请坐。"钱谦益仍旧表现得有礼有节，我也朝他点头示意了一下。

"在下是代表我家老爷按察司大人来看望钱老爷钱夫人的。"钱万恭作了一个揖。

"呵呵呵，托你家老爷的福，老朽的贱体还算健康。"钱谦益礼貌性地回了一句。

"牧公身体一向健硕，这么大的年纪了还是如此的眷恋于名山大川之中，在下实在佩服佩服。"钱万恭说这些话的时候，并没有离开钱谦益的眼睛，似乎是想从钱谦益的脸上看出什么破绽，还故意把"游览名山大川"几个字说得格外的重。

说到名山大川几个字，我不禁心里一哆嗦，难道是钱谦益走亲访友露出了什么破绽？我仔细地思量，与钱谦益对视了一眼，只见他的眼神稍微有些慌乱，但随即便露出一副泰然自若的样子。

"哈哈，这人年纪大了，就越来越醉心于名山大川之中，不像你们年轻人，还有心沉醉于功名利禄中。"钱谦益倒讽了一句，是啊，我心里暗暗叫好，像钱横这种卖国求荣的狗贼，死一万次都无法弥补犯下的滔天大罪。

"呵呵……"钱万恭貌似听出了钱谦益的弦外之音，尴尬一笑，但随即又故态复萌，"大人说的极是，但是我还是奉劝大人一句，年纪大了还是多在家里休息休息比较好，以免遭人非议，贻人口实就不好了。"说完，脸上的笑容瞬间消失得无影无踪。

"我家老爷一向身正不怕影子斜，有劳按察司大人费心了，游览名山大川一直是我家老爷的心愿，现在在努力完成心愿，为何会遭人非议？"我脱口而出，我倒想看看这个狗贼这次又是以什么理由来陷害我们。

"呵呵，夫人果然巾帼不让须眉。"钱万恭顿了一下，"我今日来是有一个消息要告诉钱老爷和钱夫人的。"说着他故意压低了声音，做出一副很神秘的样子。

"钱管家不妨直说。"钱谦益一向看不惯这种装腔作势的腔调。

"是这样的，知府大人收到了几分密札，上面说钱老爷假借游览名山大川之名，支持义军海上活动，我家老爷得知这个消息后，立刻派我来告知于太史公，商量下对策，看这个事情要如何来处置。"他恬不知耻的脸上竟然微微露出了些笑意。这个无耻之徒！我瞬间明白过来，钱横这次勾结知府大人，要再次诬告钱谦益。

书札？我的脑子快速地搜索，钱谦益在书札上遣词造句是极为谨慎的，应该不会出什么差错，但是要是应按一个莫须有的罪名，那也不是不可能的。

再看钱谦益，额头上已渗出了些汗珠，显然也是有些慌乱。书札？我忽然心生一计，立刻往内室走去，拿出一堆书札来。

"钱管家说的可是这些书札？"钱万恭一看到书札，眼睛立马放光，立马扑了上去，但眼睛一下子就暗淡下来。

我把当今朝廷的一些身居要职的官员给谦益写的求文的书札拿了出来，虽然钱谦益现在闲赋在家，但是凭着他过硬的文化底蕴，常常还是有些权贵来索要些文章装点门面，钱谦益有时不得不写些序之类的赞美之词，只是，令我没有想到的是，居然在关键时刻救了谦益一命。

"钱管家请过目，这些都是尚书公最近的一些书札来往，好像还有知县大人的吧，不如你带回去给按察司大人过目下啊，或者让太史公跟这些大人说下，不要再写书札给我们了，以免引起一些不好的非议。"我太了解这种地方官员的丑恶嘴脸了，欺软怕硬，一看到这些当朝权贵的名字就恨不得当场朝拜。

"呵呵呵，真是没想到啊，太史公虽然闲赋在家，却仍旧跟这些权贵们交好，请收起！请收起！"钱万恭毕竟是一个见过世面的人，立马用笑意来掩饰了自己的尴尬，或许他没有想到，钱谦益有这些过硬的靠山。

"没事，钱管家带着吧。"我故意再次强调。

"不敢，不敢，钱万恭只是代表知县大人和我家老爷来友善地提醒下太史公，没有其他的什么意思。太史公跟众多朝廷大老交好，整个县府都蓬荜生辉啊，我怎敢阻挡这中间的通讯，不敢不敢。"果然不出我所料，一看到这些权贵们的书札，整个气场都弱下来，趋炎附势又带着些讨好。

"嗯，钱某十分感谢知县大人和贤侄的关心。"钱谦益有些嘲讽地看着钱万恭。

"那我就先告辞了。"钱万恭碰了一鼻子灰，也没有得到什么有用的线索，便起身准备告辞，"钱大人不要介意，知县大人也是为了你好，这故交之间怎会没有些书信往来呢，我回去一定要将此事上报给知县大人，让知县大人好好地清查下，到底是谁上书，污蔑太史公。"

"有劳钱管家了！"钱谦益双手抱拳。

钱万恭走后，我怕这件事情继续闹下去，他们万一再真查出些蛛丝马迹来会引出更大的事端，于是马上提笔给司马老太太写了封信，希望钱谦益能够得到当朝权贵司马慎可的庇佑。事情果然出现了转机，没过多久，知县就因贪赃枉法之罪遭到了弹劾，我和钱谦益也算是大松了一口气，少了知县这样地方势力的刁难，我们的日子定然会安宁不少，而钱横由于身居要职，仍然身居高位，只是，少了地头蛇这样的爪牙，想必也会收敛不少。

第四节　春深红豆属花开

顺治十五年，春暖，人心易暖。

彼时正是百花齐放的季节，时间如牧童般打马而过，红豆山庄的两颗红豆树在历经了十几年的花期之后，居然奇迹般的花满枝头了，竟引得蝴蝶在树下翩翩起舞，那场面别有一番情趣。

我凭栏而望，那树上的花朵下，很多都长出了清冽的果实，朝阳中显得更加美丽，繁花锦绣一片，若是细雨霏霏的时节，空气里带着些微甜，红豆花沾雨欲湿，再过些时日，那些青色的果实便慢慢转化成血红的红豆，那场面定是极美。

王维曾经写道，"红豆生南国，春来发几枝。愿君多采撷，此物最相思。"人们把红豆比作是相思之物，而我更是把红豆树的盛开看作是宏伟的复国大业，我每天都期盼着红豆的成熟，如对义军的深切期望，而此时的盛开，就让我觉得我们的胜利已经在望了。

女儿渐渐地长大，十几岁的她已经出落成了一个标致的美人，我常常看着她，总是能看到一些我年轻时候的影子，明目皓齿，肤如凝脂。偶尔从库房里面收拾出我当年游历时的那把古琴，不仅思绪万千。当年我与宋公子斩琴断恩义，那个时候的我，也是十几岁，照儿一般大的年纪，而现在，我的耳鬓处的发线早已斑白。

芙蓉山庄的霏霏细雨中，翠竹的窗下，摊开了一本古琴谱，是我年轻时最爱的《山之高》，如今女儿坐在床边，簌簌地弹着，不禁让我慨叹生命的延续与轮回。雨水滴滴答答，打在檐头铁马上，打在院子里的芭蕉树上，声音清冽，不远处的红豆愈来愈清晰。

照儿素来最喜欢听雨声，此时却醉心于古琴之上，她在这方面是极有

167

天赋与造诣的，我随便一教便能弹得有模有样，看着她弹古琴的样子，我感觉时间在不停地倒退，归家院，十五岁的我。

虽然这首《山之高》旋律很简单，不过这雨天来听，竟也有些淡淡的哀愁，我不禁莞尔一笑起来，"千载琵琶作胡语，分明怨恨曲中论。照儿，你倒是很能体会这其中的哀愁啊。"

"哈哈，阿妈笑话照儿呢。人生在世乐在相知，实在是无须公主琵琶幽怨多啊。"没想到这个孩子厓王昭君的典故来回应我。

"照儿长大了。"我轻轻地抚摸她的头发，喂了一片果脯到她的嘴里，她顽皮地朝我吐了下舌头。

没几日，红豆山庄的红豆便吐出了玛瑙般的果实，我满怀欣喜，而此时，好消息也是一个个的传来。

延平王郑成功攻克了镇江，直抵南京。

兵部侍郎张琪裕率所部先驱克复芜湖，芜湖人民杀鸡宰羊，犒劳义军。

……

振奋人心的消息不断地传来，他们每攻下一座城池，我便从红豆树上摘下一颗红豆，放在盒子里，每当夜深人静的时候，我便一个人看着这些鲜艳如血的红豆发呆，拿出子龙的遗物，那本《戊寅草》，絮叨起来，我想把胜利的消息告诉他，告诉那些曾经为了故国而献出生命的英魂。

我手里拿着一炷香，跪拜着，眼睛里面满含着泪水，这些泪水有些复杂，我不知道我是开心还是难过，只是任凭这些泪水在黑夜中流淌。捷报每每传来，我都要采撷一枚红豆，不厌其烦，告慰那些英灵们，我幻想着有一天，大木能够凯旋归来，在半野堂与我和谦益饮酒作诗，绛云楼能够重建起来，江南士子们能够再度重温书画的旧梦，想着想着，我瞬间觉得自己年轻了，我有那么多那么多的事情要做，我期待这王师北定中原日的那一天。

顺治十八年，这样的好形势并没有持续多久，我的美梦被击碎了。郑成功在准备攻打南京的时候，突然遇到了敌军的突袭，整个队伍被打散，兵部侍郎率军进攻徽州，却意外身患疟疾，不治而亡。不幸的消息一个接一个，桂王在缅甸被缅酋捕捉，引渡到云南，被杀害了。大明朝的最后一个皇帝死了。

听到这个消息的时候，钱谦益两眼空洞，不停地高呼："完了，完了……

所有的一切都完了。"

我的心也伴随着 "完了"而颤抖，我抓着钱谦益的手，擦干他眼角的泪痕："尚书公，桂王死了，可是我大明还有千千万万的子民，还有很多将士在浴血奋战，我们的国家不会就这样完结的。"我虽然也很悲痛，但是在这点上，我跟钱谦益有些认识上的不同，我赞同孟子"君为轻，社稷为重"的观点，很多国家的灭亡都是因为腐败的君主，一个君主的死亡是不能昭示一个国家灭亡的。

"完了……"钱谦益整个人瘫坐在地上，似乎我的话一句都没有听进去，完全沉浸在自己的悲伤里面，他好像是变成了另外一个人，颓废而又苍老，伟岸的身躯早已不在。

"我们明日就收拾行装搬回半野堂的老宅吧，再在这里也没什么意义了。"他喃喃低语。

"好了，老爷，今日我们先不谈这个，你好好去休息吧。"看他立场如此的坚定，完全沉浸在悲痛中，我想或许他休息下，明早起来就好了。

整整一夜，我都未眠，我想着这么多年来自己海上支援义军的场景，想着在大海上，大木君对我说的那些话，我不相信，我们的国家会就此完结。冥冥中我似乎又听到了大海波涛汹涌的声音，是那样的猛烈而振奋人心，我模糊间看到了一只叫做精卫的小鸟，努力不懈地衔着一枝树枝一颗石子在填海，我的心潮变得澎湃起来，我们绝对不能这样轻易地就放弃。我站起身来，借着皎洁的月光一蹴泼墨，"日毂行天沦左界，地机激水卷东溟"，我希望以此来激励谦益那颗悲凉的心。

第二日一早，钱谦益一起身我便拿起这幅对联给他看，他看了一眼眼睛变得闪亮，只是一瞬间又暗淡下去，他喃喃地张开嘴，说："河东君，我老了……"，看着他那衰老的模样，我的泪水一下子夺眶而出，是啊，他老了，不再是那个意气风发的尚书公了，我又有什么资格要求他在这里继续坚持呢。

我默默地收起这幅对联，钱谦益停顿了一下，继续说道，"先帝讲求以儒家来治国，以佛之心，这么多年来，你我二人吃斋念佛，我老了，对一切也看淡了，唉，看透了，我想回半野堂的老宅里去，继续做那个吃斋念佛

第八章 一世情缘若飞雪

169

的佛家弟子。"我看着钱谦益，老泪纵横，泪水滴在宣纸上，迅速地晕染开，湿了一大片。

"老夫尊重你，你留下继续等待海上军师的到来吧。"

他放下对联，久久地闭着眼睛，不再说一句话。

我知道，我再也无法说服钱谦益，这么多年的起起伏伏，他早就厌倦了，那满头的斑白还有什么力气再去抗争，或许剩下的路途我将一个人抗争下去，只是，我深爱的这个男子还能回到从前吗？还能回去哪些意气风发的日子吗？

我知道再劝说也无意义，第二日便派管家护送钱谦益回了老宅。

夜色中好像漂着一顶巨大的乌纱帽，我一人默默无语，心中酸涩难言，周围的黑暗让我觉得麻木而发痛，我缓缓地点上一支油灯，幽幽暗暗的摇曳，似我那颗虚弱而缥缈的心。

第九章

空持罗带，回首恨依依

重过阊门万事非，同来何事不同归？梧
桐半死清霜后，头白鸳鸯失伴飞。 原
上草，露初晞，旧栖新垅两依依，空床
卧听南窗雨，谁复挑灯夜补衣。

第一节　头白鸳鸯失伴飞

岁月难熬，钱谦益和女儿回到老宅后，我一个人的生活变得更加寂寥了，我常常在微黄的烛光里，看我日渐苍老的面庞，我已经很久没有等到海上义军的消息了，心里有很多的酸楚，仿佛伤口上硬生生地被人撒上了盐，虽然痛，可我坚信终究会有结痂的那一天吧。

日复一日的等待，这么久的岁月，我是那么的清晰，我常常做梦梦到海上的浪涛声，只有梦中的浪涛声才能给我一些安慰。我在孤寂、焦虑和期待中熬到了康熙二年。

一则噩耗传来，国姓爷毙于台湾，金门陷落，鲁王殉国于金门。

我欲哭无泪，大木死了，冬夜的寒梅带着些微的花香，缓缓地吸入鼻中，如细细的刀尖般凛冽，激出我满腔的酸楚泪意，我好像失去了赖以活下去的支柱，金门沦陷了，我无力地坍塌在卧椅上。

或许谦益是对的，在经历了这么多的事非之后，遁入空门何尝不是一个最好的归宿？青灯长卷，了此一生。

我还隐约地记得在倚梅园的那个寒冬，我偶遇钱谦益，香雪浮动，如雾如云，如霞似月，而这个冬天，所有的一切都变得寒冷不已，不知道倚梅园的梅花开了没有，一晃快二十年了。钱谦益住在老宅，我找不到一个可以倾诉的知音，我曾经崇拜的那些英雄们，一个个为了国家的存亡，都献出了自己的生命，海，我多么想听到你肆意咆哮的声音啊。

整个寒冬，我都这样度过，手里一串念珠，素衣轻着，乞求着佛祖的庇佑。我画了一幅《孤梅图》，光秃秃的枝干，一朵梅花都没有盛开。

第九章　空持罗带，回首恨依依

173

色也凄凉影也孤，

墨痕浅晕一枝枯。

千秋知己何人在，

还赚师雄入梦无。

这正是我此刻心境的一个写照，孤独无援，冷冷清清，还好，这个寒冷的冬天在诵经和祈祷中总算熬了过去。

"嘭嘭嘭……"敲门声一下子把我从诵经中惊醒，佛堂的门被拍得震天响。或许是有什么急事吧，要不然下人们是不会打扰我做早课的，我双手合十，喃喃地道了一句"阿弥陀佛"，祈求菩萨的原谅，放下手里的佛珠，起身去开门。

"发生什么了？"我冷静地问。

"有消息传来，老爷——病危了。"管家说着便哭起来。

脑袋一片空白，整个身体后倾失去了知觉。

醒来后，我只想快点见到钱谦益，整个人都平静了不少，"烟儿，收拾一下行李，带着我的红豆，我们回半野堂。"

在见到钱谦益的时候，已是第二日的午后。钱谦益躺在病榻上，神情枯槁，口中喃喃地说着"夫人回来了吗"。

我握着他已经枯瘦如柴的手指，身体因为病患变得格外的瘦弱，头发被剃得光秃秃的，眼睛凹陷在眼眶中，手指瑟瑟地发抖，想起他之前健硕的臂膀，他曾经气宇轩昂的模样，我的眼泪早已落下来。

"老爷，你的河东君回来了，再也不走了。"眼泪滴在他苍老的脸颊上，他试图为我擦去泪水，可是手指抬了半天最终也没有抬起来，几日来反反复复的昏厥，已经让他的意识变得模糊，我把脸庞靠近他的手指，他为我轻轻地拭去眼角的泪水。

"河东君，不要哭，我这副臭皮囊早就该化为粪土了，我现在好后悔，后悔……当初没有听你的话，南都之变的时候，我……"他的脸被憋得通红，剧烈的咳嗽声让他喘不过气来。

"好了，老爷，你不要说了，人生谁没有犯过错误，人非圣贤啊，后来你所做的努力不是已经证明了一切了吗？老爷，那一节早已翻过去了，你会好的，老爷，我这就派大管家去苏州请名医来。"看着他痛苦的表情，我心碎不已。

"不要……不要，我好不了了，"说到这句的时候，他两行老泪从眼角流出，"气节如同人的灵魂，我早就没有灵魂了，这几日我在痛苦与纠结中反反复复的纠葛，我心如刀绞般悔恨不已，可是……我没有多少时间了。"我用力地握着他的手心，我是多么想分担他的痛苦啊。

他停下来，不再说话，只是默默地看着我，窗外的风声漱漱，如泣如诉，空荡的半野堂里，他大口喘气的声音在回荡。

"如果，如果一切可以重来，我……我会选择跳进后湖……后湖……"他的眼睛直直地望着房顶，双目圆睁，他的嘴嗫嚅着，我把他的双手放在我的手心里，忽然，他的手指一下子失去了力量，掉下去再也没有起来。

恍惚间，还是初相识的那个初春，我站在尚湖的游舫上，着一件大红色的披肩，头发散开，钱谦益在岸上焦急地挥手，回头一望，那张炯炯有神的眼睛，他打量着我，轻声对我说，"柳姑娘，老夫钱谦益。"

不觉间一晃已二十七年，只是记忆中那些苍凉的碎片，慢慢地浮现在我的脑海中，尚湖上我们一起泛舟，为我造绛云楼，后湖上我的绝望，女儿的诞生，我亲手放火烧掉绛云楼，钱谦益为了故国的事业奔走……这些场景在我的脑海里面闪过，我伸手抿去眼角的泪水，轻轻地合上他的眼皮，尚书公，一切的爱恨情仇你都放下了吗？

人生有太多的失望与悔恨，我紧紧地拉着钱谦益的手，努力揉搓着，试图不让他失去温度，可是这些都是徒劳的，梧桐半死清霜后，头白鸳鸯失伴飞，周围的仆妇们恸哭起来，我默默地坐着，像一个木头人一般，眼泪早已为故国流干。

第九章 空持罗带，回首恨依依

175

康熙三年（1664年），钱谦益病故，享年八十三岁，这一年我四十七岁，已是一个头发花白的老妇人了。

窗外一缕银白色的月光透过花树，百转千回地照进来，寂寞空庭也好，繁花似锦也好，以后我都是一个人了。我默默地坐在窗前，看着不远处新开的花，这是钱谦益离开我的第一天，我觉得自己整个人像是被抽空了一般。

女儿默默地在房间里陪着我，如今的她也已嫁为人妇，夫婿叫赵管，是老爷亲自为他挑选的，人温文尔雅。钱谦益的后事，我交给了钱谦益的长子钱孙爱来打理。

忽然外面响起了大管家李王的声音，"夫人，您出来一下，我找你有点事情。"

我以为此时大管家找我是为了让我不要悲伤，振作起来办丧事，却没想到我刚走出房门，他就对我说"夫人，老爷生前的那副牡丹富贵图曾经许了给我，老爷现在过世了，是不是那幅画该归我了？"

我看了他半天，我没想到他会说出这样的话来，我心里顿时有些反感起来。老爷尸骨未寒，大管家居然迫不及待地想要得到钱谦益的遗物。

"这是老爷的遗物，要陪老爷下葬，不能给予你。"我冷冷地说道，说完便转身离开。

我没有想到大管家居然是这样的人，初访半野堂他挡了我的驾，之后我嫁与钱谦益，待他也不薄，钱谦益更是视他为自家人，教他识字读书，他此时来索要牡丹富贵图，不是为了与钱谦益的主仆情分，而仅仅只是为了自己的一己私欲，人情冷暖，让我心寒不已。

横汾旧路独自渡，空余红颜映残阳。

第二节　家产之争，红颜命殒

如果说大管家让我感受了人情的冷暖，那还只是噩梦的开始。

天气是如此的炎热，我发现我不能让自己沉浸在无限的悲痛之中，我强打起精神，要为钱谦益办一场隆重的葬礼。

士大夫的葬礼是烦琐的，我亲自给钱谦益的故交写了报单，把谦益的死讯告诉他们，钱横作为钱氏家族新推举出来的族长，我按照族制也给了他一份。

整个葬礼我都表现得异常冷静，我的心里默默地为谦益祈祷，希望他在忘川河的对面过得安好。钱谦益入殓时，周围全是恸哭的声音，细雨霏霏，我看着棺木一点点的盖上，从此之后，便是阴阳两隔，我的心一阵疼痛，整个人几乎要昏厥过去。

我没有给他穿清朝的官服，我知道钱谦益的心是向着故国的，那样会违背他的心志，也没有给他穿明朝的官服，怕贻人口实，给活着的人带来不必要的灾难，我要孩子们好好地活下去。儿子儿媳妇女儿女婿都披麻戴孝，我也穿了一件白色的麻布丧服，灵堂简单而庄重，棺木两侧的孝幔上，是长子钱孙爱亲笔写就的"音容永存"四个大字。钱谦益的灵柩要放在灵堂里放上七七四十九天。

窗外有和煦的风，九里香又开了，只是再也没有人与我同赏了。

钱谦益头七，红豆山庄的仆人前来禀报，说以钱万青为首的钱氏公堂带了一大批的青壮劳力，封了红豆山庄。

听到这个消息，我一阵眩晕，钱谦益刚刚过世，这族人便开始闹事，只是这红豆山庄与钱氏公堂有何关系呢？难道又是新的族尊钱横所为？他们封了芙蓉山庄难道是要继续寻找我支持义军的线索？还是有其他的目的？

我思考着，只是现在钱谦益刚过世，连葬礼都还没有办，长子钱孙爱又是性格懦弱之人，如今父亲刚刚去世，重孝在身，不如索性由着他们闹去好了。

我挥了挥手，满脸的倦容，"罢了罢了，由他们闹吧。等老爷下葬了再来处理吧。"

仆人露出一脸惊讶的表情，是啊，当年刚强寸步不让的夫人哪里去了呢？我觉得自己好累，我只想安安静静地处理完钱谦益的丧事。

只是让我没有想到的是，他们太仗势欺人了。第二日，下人就来禀报，说钱万青带着一众人抓了半野堂的几个丫头和小厮，在谦益的灵堂前动用私刑。

我闻讯立马往灵堂去，真是太目无王法了！等我赶到的时候，丫鬟阿朱和阿秀已经被打得头破血流，整个灵堂混乱不已，哭喊声咒骂声混成一片，这成何体统！

"都给我住手！"我大喊一声，瞬间停下来。

"你们有什么事情，到老爷的灵堂来大闹，到底有没有王法在！"我气得身体哆嗦起来，声音也有些微的颤抖。

"吆喝，我当是谁呢？原来是钱谦益最宠爱的小妾来了。"钱万青嘴角发出一阵轻蔑。"小妾"两个字如轰雷般在我的脑海里盘旋，这些宗室祖法的拥护者们在最初钱谦益要以匹嫡大礼迎娶我时，便遭到了他们的反对，他们往我们的婚船上丢菜叶、鸡蛋，用恶毒的语言咒骂我们，可是那个时候的我有钱谦益的保护，他们最终也无能为力。而现在，钱谦益刚刚去世，他们便开始肆无忌惮起来。

"我们是来拿自己财产的，欠债还钱乃是天经地义。"钱万青鼻孔哼了一声，俨然一副债主的模样。

"欠债？谁欠你的债？"我的脑袋一片空白，跌坐在地上。

"哼，还有谁，太史公呗。"欠钱？我从未听钱谦益说过欠谁的银子，我忽然明白过来，这一系列的事件，都是他们的一个圈套。封掉芙蓉山庄是为了试探我的反应，看我没任何反应，继而得寸进尺大闹钱谦益的灵堂，殴打仆人，污蔑钱谦益欠债，那接下来还有什么阴谋呢？我不敢想。

"太史公欠你们的钱？这不可能！"

"怎么就不可能？我们还听说你伙同这些下人们要转移钱氏的家产，所以我今日就替天行道，打死这俩狗奴才！来人，给我接着打。"愤怒让我重新有了力量，我挣扎着要站起来。

"你们都住手！"我抬头一看，是我的女婿赵管披麻戴孝地冲出来，"这里是我岳母的家，怎容得你们这群人胡来！"赵管气得脸色铁青，一边怒斥一边扶我起来。

"吆喝，又来了一个冒充钱氏子孙的东西，我这就告诉你，给你七日的时间，抓紧滚出半野堂，要不然，休怪我对你不客气！"他的气焰高涨起来，顺手抓起赵管的衣领，"再冒充钱氏子孙，小心我打断你的狗腿，孙爱少爷才是这家的主人，早就想赶你们出去了。"

孙爱？这是孙爱做的？这怎么可能？钱孙爱虽然不是我庶出，但是扪心自问，这么些年我对他也算不错，我入钱家时他才十二岁，从他的生母二夫人去世之后，我以母亲的身份为他娶妻生子,他怎么会做出这样的事情来？

"你们在做什么？"是孙爱的声音，他忽然闯进灵堂来，"不许为难我的母亲！"

"你的母亲？你的母亲是二夫人早就归天了，现在这个是你父亲的小妾，一个歌姬而已！"

"胡说，母亲大人是父亲以匹嫡之礼娶回来的。"钱孙爱走到我的旁边，轻拍我的背，"母亲大人，您受惊了！您待我如亲生儿子，您的养育之恩我是不会忘记的。"听着孙爱说这些，我欣慰不已，再看看钱万青，谎言被拆穿，本以为要打着钱孙爱的名义，结果却被即时识破，顿时不再张牙舞爪，变得有些气急败坏。

"钱孙爱，你真是没出息！"钱万青怒气冲冲地说。

"我当是谁呢，原来是万青哥，我父亲刚刚过世，你就带着人来闹事，你的良心何在？你难道不记得你父亲因为喝酒生事得罪了巡抚的二公子，遭人陷害，深陷囹圄，罪至全家，是我父亲出面才救了你们全家的？要不是我父亲，还会有今天你这个钱氏子孙吗？"孙爱一口气说了这么多，钱万青的脸色越来越差。

"原来是你，钱万青？钱授田的儿子？你父亲深陷囹圄的时候，我还……你父亲都没有告诉你这些吗？我为钱氏家族有你这样的人而感到耻辱。"我一边说一边向钱万青走去。

钱万青脸被憋得通红，刚才张牙舞爪的气势瞬间没有了，"我……不是我干的……我是受钱氏族长钱横的指示，是他，是他……跟我一点关系都没有……"

或许是他忘恩负义的罪行被当面拆穿，整个人没了一丝的底气，毕竟当着众多钱氏子孙的面，以后还是要在钱氏家族继续待下去的。

"那你对我母亲这样咄咄逼人，也是钱横指使的？"孙爱继续质问道。

"是的，跟我没有关系，没有关系，都是族长大人钱横指使的……"好一个没有担当的男子。

听到又是钱横，我恨不得一下子杀了钱横，以保全钱家的安宁。我稍稍平和了下心态，仔细地思量着，我们定然不是这帮恶匪的对手，贸然与这群豺狼般的男人相拼，只能让更多无辜的人受到伤害。

"万青少爷，你说太史公欠了族长的债，那自然是有借据，太史公欠的债，我定然是要倾尽所有也要还的，虽然家中现在并无多少银两，但我手上还有一些从绛云楼大火中抢救出来的古籍，如果族长大人同意，我愿意拿来抵债。这样，你去转告下族长大人，明日午时，要族长大人来荣木楼，我一手收回借据，一手交书，你觉得怎样？"与其现在硬拼，不如智取。

"呵呵呵，柳夫人果然是个爽快的人，我这就回去禀告族长大人，让他明日来与您相见。"我这么一说，钱万青顺势找了一个台阶下，也算完成了钱横交给他的任务。

"走走走……"说着就带着一大帮子人落荒而逃，钱谦益的灵堂瞬间又变得安静起来。

第九章 空持罗带，回首恨依依

第三节　钱氏家族的腥风血雨

　　天气变得越来越闷热，空气中也带着些沉重感，压得人喘不过气来，似乎不久便有一场暴风雨要来临。我一推门，荣木楼好似一个垂暮的老人，发出嘶哑而悠长的"吱呀"一声，楼内光线幽暗，再被密不透风的帷幕一挡，整个显得幽深而诡异。

　　起风了，一瞬间，顿感风吹进荣木楼来，帷幕被吹得轻飘起来，一瞬间，似有千万双大手，一路汹涌向前，我站在这些帷幕中，静静地去感受深夜的静谧。

　　我的目光长久地落在天花板上，不知过了多久，我仿佛看见了一大队的人马，朦胧中向我走来，只见他们骑着威武的白马，各种旗帜迎风飘扬，马蹄声如雷鼓般紧密，我看着那个遥远的背影，是那样的熟悉，那……那不是子龙吗？我狂奔过去，好追上他们前进的脚步。

　　"子龙，子龙……你等等我，是我啊。"那个熟悉的身影转眼回过头来，看着我，露出潜然的微笑，就像他赴京赶考的那一日一样，眼神里全是不舍与爱怜之情。他抬起手来，指着远方，我顺着他手指的远方看见一面旗帜，上面写着"明"，我一阵欣喜，再看，大部队中竟然全是我的友人，张煌言将军、国姓爷、史阁老……都在，你们都在！那个在最后的不是钱谦益吗？只见他面色红润，一袭青色的官服显得愈发的年轻有活力，气宇轩昂跟我初相识时无多大的差别，他看着我微笑，"河东君，我们收复故土了！"

　　只是他们丝毫并没有要等我的意思，继续骑着白马前进。"等等我，你们等等我啊……"我声嘶力竭地呼喊，好怕就这样与他们擦肩而过。

　　"小姐，快醒醒，快醒醒……"朦胧中原来是一场梦，可是却那样的真实，烟儿坐在床边，握着我的手。

"小姐，你在喊我吗？"烟儿看着我，一脸的担忧。

"做了一个梦而已……"烟儿拿起一块毛巾拭去我额头上的汗水。看着烟儿，我忽然发现我们都老了，她的鬓角早已斑白，额头上也有了深深的皱纹，我们相识的时候，她才只有十二岁，那时的我已是归家院的花魁，风华正茂，是无数男人都想目睹芳容的奇女子。那时初遇烟儿，她只有十二岁，跪在马路边大哭，旁边躺着她久病缠身的父亲，我给了她一些银子，一双水汪汪的大眼睛是那样的清澈明媚。父亲去世后，她便来到了归家院，伺候我的日常起居，只是，没想到这一伺候三十年过去了，我这一生中她陪我经历了所有的大事，在我每次最需要安慰的时候鼓励我安慰我，我对她也是充满愧疚的，她这半生都守在我的身边，陪我出嫁，与我一同带大了女儿，只是现在仍然孑然一身。

"烟儿……"想到这些我不禁低唤了她一声。

"小姐怎么了？"她似乎是看出了我眼睛里的悲伤，握着我的手更用力了一些，"小姐，都会好起来的。"

夜雨声滴滴答答，如泣如诉。

"烟儿，你也该嫁人了。"我把我心里的想法说出来。

"人道是柳絮无根，其实呢也不过是嫁与东风，好则平步青云，差则委身芳尘，还不如自由自在的一生，无须为名利恩宠所束缚来的好。烟儿这一辈子跟着小姐，也算是无忧无虑的柳絮了。"感动瞬间如潮水涤荡着我的周身，我轻轻地一声叹息，风卷起鬓角的垂发，有些微的痒，我的鼻子有了些酸意。

"真是难为你了，烟儿。"人生有这样的姐妹与之度过，想来也没什么好遗憾的了。

"烟儿，你去把孙爱少爷夫妇和小姐赵婿找来，我有些话想跟他们说。"

"嗯，好，小姐你等着。"烟儿刚走出房门，我便拿出了从芙蓉山庄带回来的木漆木盒，手指有些颤颤巍巍，我又想起了梦中的场景，不禁有些

第九章 空持罗带，回首恨依依

183

感慨万千，看着那一颗颗象征着胜利的红豆，我的眼泪簌簌地掉下来，泪眼中是子龙为我写的《戊寅草》所作的序，我又默默地背诵了几遍，这么些年钱谦益尊重我，我收集这些诗稿他从未表现出一丝的不满，而今……或许这些书稿被后人看见始终是有些不好的，我拿起一盏烛台，顷刻间书稿化为一团青烟，我又拿了一方丝帕，拿起毛笔，写下"青骢点点余新迹，红泪年年属旧人"的句子，把一颗颗血红的红豆放在方帕中。

这些刚做完，门外就传来了烟儿的声音，"夫人，少爷少夫人他们都来了。"

我拢了拢散在耳后的乱发，"好，让他们进来吧。"

钱孙爱携妻子李氏进来。"孙爱少爷，你们快坐。"

"母亲大人这么晚找我们来，是有什么重要的事情吗？是钱横的事情吧。"钱孙爱开口道。

"没有什么，跟你们聊聊天。"看着他们略微有些诧异的表情，李氏已经有了子嗣，小腹微隆，钱谦益地下有知，也该含笑九泉了。

"孙爱少爷，我来你家二十五年，你父亲以匹嫡之礼迎娶我，爱护我尊敬我，可谓是知音知己，大夫人虽然吃斋念佛交谈不多，但是却也教会了我很多道理，你母亲虽然早年的时候不是很喜欢我，可是经过后来的相处，我们亲如姐妹，你更是尊我为母亲大人，现在又娶妻有了孩子，以后你就是这个家里的顶梁柱了，你可一定要担负起这个重任来啊，孩子。"

"母亲大人……你……"孙爱夫妇扑通一声跪下，像是明白了我话里的意思一般。

"孩子们，快起来，如今你是双身人，切记一定要保重身体啊。"我赶忙扶起李氏来。

"母亲大人，你找我们……"门吱呀一声开了，是照儿和赵管进来了。

"照儿，赵管，你们抓紧过来，给叔嫂跪下。"他们俩有些诧异，但还是按照我说的去做了。

"使不得，使不得，母亲大人使不得……"孙爱有些惶恐。

"跪下，我有话要说。"柳小照和赵管齐刷刷地跪在旁边，我也向钱孙爱拱手作揖，"我希望孙爱少爷以后能够善待他们。"

我又转过身子来，看着跪在地上的两个小夫妻，"照儿，赵管，以后你们要听兄嫂的话，待他们如父母般孝敬，有什么困难和喜悦的事情，要彼此分享，"我忽然想起什么来，走到旁边，拿出被方帕包裹好的红豆，递予女儿的手中，"孩子，这是阿妈留给你的红豆，每一颗红豆都是我们的故土收复消息传来时，阿妈从红豆山庄采摘的，以后你要是想阿妈了，你就看看这些豆子……"女儿早已呜咽得泣不成声。

"母亲大人，你万万不能想到绝路啊。"钱孙爱一下跪倒在我的膝边，嚎啕大哭起来，整个房间里面哭声一片。

"好孩子，你要答应阿妈，照顾好照儿他们，我就放心了，阿妈不会那么傻的想到绝路的，你们忘记了吗？我一年前早已遁入空门，明日了结了账目，我就继续吃斋念佛，青灯黄卷了此一生了，你们未来的路一定要走好。"看着他们痛哭的样子，我有些微的不忍心。

我把孩子们一个个拉起来："好孩子们，阿妈还有一件事情要拜托你们，凌烟跟了我一辈子，伺候了我一辈子，待我如亲姐妹，以后你们一定要好好地对待她，就像对待我一样，听见了吗？""孙爱谨记母亲大人的教诲，孙爱一定好好善待凌烟阿妈，对待弟妹像您对待他们一样，我钱孙爱对天发誓！"听见钱孙爱这么说，我心里悬着的那块大石头一下子就落了地，想来也有些了无牵挂了。

"难道就让钱横这个狗贼这样欺负我们吗？"赵管的悲伤一下子变成了愤怒，"我们去官府告他！"

"告他？孩子，你想得太简单了，且不说现在的官官相护，我们不仅告不到他，我们故国的子民宁可站着死，也不要去乞求这些新贵们来了断我们的家务事。"我怎么可能去找那些故国的叛贼们来帮助我呢。

"那你们都出去吧，好好休息。"我对着他们依次看过去，一挥手，他们久久的不愿离去。

第九章 空持罗带，回首恨依依

空气中依稀的有些草木衰微的气息，伴随着一丝的清冷，如乳如烟的暮色下，树荫在月光的照耀下，形成一团团浓重的灰墨色，渐渐就模糊了双眼。

第四节　血溅荣木楼

外面下了一整夜的雨，滴滴答答的声音，似有千万的马蹄声奔涌而过，眼前出现的是一簇簇血色的红梅，就像当日的倚梅园里，那千百簇盛开到极致的花蕊，人间四月芳菲尽，山寺桃花始盛开。仿佛还是从前的日子，我和钱谦益在绛云楼，外面是开得极艳的九里香，风吹过绛云楼，一瞬间落英缤纷，漫天满地都是飞花如雨般，罩着我们的前世今生。

落花飞雨的季节，我和钱谦益坐在船舫中，四目相对，都是满眼的爱意，那是我一生中最美好的日子。

钱谦益，柳如是，

终身所约，永结同心。

我看着荣木楼，每件摆设还是钱谦益在时的样子，只是一切人去楼已空，百转千回间，所有的一切早已没有了回头路。

我打开木质的箱子，里面是海上犒师的时候，张煌言将军回赠予我的一把宝剑，我记得那时海风吹得我眼睛迷离，震天的高呼声盖过了浪潮的声音，张煌言将军双手抱拳，"河东君，我这把宝剑是沾有敌军鲜血的，今日把它馈赠予你。"那时是何等的悲壮，如今却早已阴阳两隔。

我抽出剑，挥舞了两下，阵阵寒光照得我心潮澎湃，寒光如同明月般通亮，连上弦月都会黯然失色吧，可是，谁又会在意哪一束光才是真正的月光呢。

雨越下越大，肆意的鞭笞着大地，也拍打着窗下那棵芭蕉。我一下子就瞥见了铜镜中的自己，面色惨白，由于长久的睡眠不足，导致眼圈下发黑，一缕缕白发露在外面，以前的时候，烟儿总是用她那双巧手帮我染成丝丝的黑色，藏着深发中，而今，几月不搭理，斑白的发线再也隐藏不住了，老了。

我翻出了箱底的旧装，那是钱谦益为我定制的一件素色的盛装，水影密织的合欢花长裙，珠玉盈翠　翩然而至。或许那一道光都照不出我此刻的悲凉心境了。

一夜无眠。

第二日一早，我便早早起身，为孩子们做了一桌子早饭，我是多么想感受下一家人其乐融融的生活，我怕我再也体会不到了。

孩子们都不说话，知道今日钱横要来，每个人的心里都压着一块大石头，"孩子们，快点吃阿妈今日亲手为你们烹制的早饭，烟儿，你也入座一起吃啊。"我故作轻松。

"是，夫人。"烟儿坐在了我旁边。

我拿起一块桂花糕，还破天荒地喝了一碗米粥，孩子们看我吃饭，也开始动筷子吃饭，我知道，他们是为了宽慰我，就像我为了宽慰他们一样。

"孩子们，今日钱横要来，你们不必害怕，有我呢。"然后还特意地嘱咐他们如何应对，早饭在还算轻松的气氛中度过。

吃完早饭后，我便动身去荣木楼，把珍贵的书籍收拾了一下，半露在外面，穿上那件合欢花的素裙，把宝剑放在一本珍藏的下面，再度回想起我人生的花香与荒芜来。

白日繁华的背后，我关上一扇门，想要哭，却再也哭不出来了，我这一生，充满了曲折，也充满了惊喜，偶尔抬起头来看着窗外的美景，只是再也不会有那样的心境了，指尖不免有些微凉。

"小姐，钱横来了……"烟儿忽然走过来，朝我耳语了一声。

"嗯，好，让他进来。"我点头致意，看了看镜中的自己，努力地绽放了一个美丽的微笑。

遵照我的嘱咐，烟儿把钱横引进来后，便把房门关上出去了。

"按察司大人，请喝茶。"一见到钱横，我就觉得自己血脉喷张，仇恨像是一泓泉水，丝丝地往外溢出，可是我还是保持了镇定，礼节性地招呼他。

"呵呵，喝茶事小，以后有的是时间喝茶，今日我们还是好好谈谈正事儿吧。"钱横狡黠的小眼睛闪出诡异的神色，想必是要迫不及待地要到钱氏的家产了。他如今是浙江的按察司大人，权利、金钱都早已超过了钱家，相比上次绛云楼被大火烧掉后，仍然心有不甘，如果钱横再得到绛云楼的书籍，想来也是横贯江左的一大人物了。

"钱大人这么说，我就直说了，你说钱谦益欠你的银子，借据可有带来？"

"呵呵，老夫早就带来了。"说着拿出一封信札，我低头一看，是我之前写给他儿子钱云的一首勉励诗，钱横虽然罪大恶极，可是儿子钱云却与钱横恩断义绝后，投身到了大木的军营中，成了一个爱国义士，这是我之前写给他的一首诗，只见信札上赫然写着"大丈夫以家食为羞，好男儿志在报国"几个大字，周围还有点点鲜血，只是血早已干涸，好一个无耻之徒，竟然拿自己儿子的生命来作为一个赌注，卑鄙无耻！

"这就是你说的借据？"我满脸的鄙夷，"就凭'大丈夫以家食为羞，好男儿志在报国'这几个字，你就想换一座金山出去，未免有些痴心妄想了。"我不知道此时的钱横拿着自己儿子的遗物，心里有没有一丝的颤抖。

"你和钱谦益怂恿我的独子参加义军，害得他最终死于非命，这难道不是血债吗？"钱横因为生气，脸色憋得通红，"这笔血债我一定要跟你算一算。"

"钱云忠肝义胆，为国杀敌无数，因为有你这样卖国求荣的父亲感到耻辱，你拿义士的遗物做赌注，也不怕天打雷劈！"我看着钱横，脸色很难看，这个话题倒也没有继续下去，又拿出另一个信封来，"那你看这个呢？这个可以算你与海上义军私通的证据吗？"

钱横拆开信封，拿出一张纸，阴阳顿挫地念起来。

瑶岛神仙滴碧空，

奇才屈作女英雄。

文成五采争娲石，

笔擅千秋夺卫风。

曾把兵符生敌忾，

常持桴鼓佐军戎。

蛾眉剑侠非闲气，

闲气生成付令公。

这首诗我是知道的，这是曾经一个仰慕我才华的义士写给我的，如今早已不知了踪迹，或许已经化为泥土，或许跟我一样仍旧在抗敌的道路上前行着……只是，钱横是怎么得到这个的？我的脑海里忽然想起了大管家那天索要谦益遗物未果时的表情，在我的脑海中一闪而过。好一个钱府的大管家啊！只是，我再也没有力气去管这些无关紧要的琐事了。

"哈，按察司大人，你以为就凭这些就可以要到钱家的所有？害人者终将遭到报应的！"我站起身来，步步紧逼钱横。

"你以为我就知道这些？你未免也有点太小看我钱某人了。为什么绛云楼失火没有烧掉多有的藏书，还剩下了那么些珍品？为什么钱谦益那么些年常年的漂泊在外，仅仅是为了游山玩水吗？哼哼！你以为这些我没有证据？每一条都会让钱谦益家族这一脉挖尸、崛坟，全家都要被处以极刑。而我呢，又为当今朝廷立了一件大功。"钱横捻着嘴角的胡须，露出轻蔑的笑声。

"那我柳如是认输，按察司大人认为此事该如何解决呢？"我假意地逢迎起来。

"呵呵呵，这个态度我还是喜欢的，他慢慢地靠近我，眼上露出迷离的神情。"其实，老夫第一次见到爱娘的时候，便被你的美色所倾倒了，只是……没想到你却嫁给了钱谦益那个死老头子，说起私了，这件事情就看你愿不愿意了……"边说边向我走近，看到没反应，愈发的大胆起来。

"哈哈哈哈……"我恣意地大笑起来，钱横被我突如其来的大笑震了一下，但随即便恢复了平静。

"你，你笑什么？"

"我笑你恬不知耻，笑你卖国求荣，笑你为了自己的私利败坏国家名声，笑你昨日是我大明朝的高官，今日又变成了清廷的走狗，笑你臭皮囊下隐藏的那颗黑心！"

钱横恼羞成怒起来，"我不跟你这个神经病说话，我要去看看我的珍藏去了！"说着便要向书柜走去，我顺势拔出张煌言将军送我的宝剑，一下子抵在钱横的喉间上。

"你……你要做什么？有什么话，我……我们好好说。"钱横没想到我会这样做，吓得脸色煞白，但转眼间态度又变得高昂起来。

"你最好马上放了我，你以为你杀了我，你还能活下去？钱谦益的子孙还能活下去？你现在放了我，我们既往不咎，一笔勾销……"钱横试图威胁我，但此时的我，还惧怕区区的威胁吗？

"狗贼，你以为我柳如是跟你一样是贪生怕死之辈吗？你想太多了，我今日要用你的鲜血祭奠你儿子和众多死去的义士，你受死吧！"钱横哆哆嗦嗦地往后退，被椅子一下子绊倒，整个人跌坐在地上，"不要不要……"

我往前一步，剑尖快速准确地刺进钱横的喉咙，黑血喷涌而出，染在了义士赐予的剑上。

第九章
空持罗带，回首恨依依

191

第五节　尾声

窗外有些微风吹过，我最爱的九里香开满了整个半野堂。

我坐在窗前的古琴边，信手弹起古琴来，身上的合欢花上溅着钱横的斑斑黑血。

> 山之高，月出小。
>
> 月之小，何皎皎。
>
> 我有所思在远道，
>
> 一日不见兮，
>
> 我心悄悄。
>
>
> 采苦采苦，
>
> 于山之南。
>
> 忡忡忧心，
>
> 其何以堪？
>
>
> 汝心金石坚，我操冰雪洁。
>
> 拟结百岁盟，忽成一朝别。
>
> 朝云暮雨心去来，千里相思共明月。

张玉娘的这首《山之高》早就道破了我的一生，午后的太阳有些刺眼，但还是明媚极致的，我倦然地微笑。

起身，擦拭尽宝剑上的鲜血，我拿起毛笔，在墙上大笔一挥，大好河山，无我葬土，我死悬棺葬之，然后拿起钱横带来的书札，转瞬间化为一缕香烟。

十里虞山，顷刻间大雨如注，轰隆隆的雷声响彻天际，我缓缓地走向窗边，举起剑，浮生恍若一梦。

所有的一切皆为尘土，弹指刹那间皆为尘烟。

这便是我的一生。

时公元一六六四年，岁在甲辰。

第九章

空持罗带，回首恨依依

第十章

番外篇

四十年来家国，三千里地山河。凤阁龙楼连
霄汉，玉树琼枝作烟萝，几曾识干戈？

一旦归为臣虏，沈腰潘鬓消磨。最是仓皇辞
庙日，教坊犹奏别离歌，垂泪对宫娥。

第一节　多情自古空余恨——宋辕文

从人生的一开始，我就是志得意满的。我觉得我最精彩的人生开始于崇祯五年十一月初七的那场寿宴。

我这一生，是充满星光的，我的父亲是有名的大学士，我的母亲是一个贤德的女子，他们都说我是含着宝玉出生的孩子，家事好，写文章好，长得也是气宇轩昂，在遇到影怜之前，我所有的一切都是顺风顺水的按着轨迹在前进。我的母亲为父亲撑起了整个家，父亲每次纳妾，她的脸上都是笑意盈盈，为父亲添置大婚的新衣，为父亲做好所有的一切，风光无限的母亲，只有我偷偷地看见她流泪的样子，从那时起，我便发誓，一定要好好孝敬我的母亲，这样的誓言从未改变。

直到她的出现。

那是我第一次看见她，她翩若惊鸿的舞技一直深深地印在我的脑海里面，衣袂翩飞，袖舞生风，穿着碧绿的翠烟衫，腰间用金丝罗装扮了一个大大的蝴蝶结，云髻上斜插了一朵娇艳的百合花，腮边两缕发丝随风轻抚面颊，她像是一个仙子一般，我觉得整个生命都颤抖起来。她是云间城有名的花魁女，杨影怜，孤影繁华落，自是影怜人。

我也不知道自己是哪里来的勇气，她跳舞，我主动地要求为她吹箫伴奏，她明媚的皓齿间盈盈一笑，我的心房被击中。那时的我刚刚十六岁，情窦初开的年纪，我就这样爱上了这个女子，近乎疯狂。

第二次巧遇她，与其说巧遇，倒不如说是我特意去了归家院，我看着她跟另一个女子站在一起，有说有笑，我就站在那里望了她许久，直到她发现我，我迎上前去。

天气寒冷的冬天，我们柜约泛舟白龙潭，没有人知道我是怀着怎样激动与忐忑的心情去赴约的。天气是那样的寒冷，我的心却温暖似火。

我在岸上朝她大喊，没有人知道，我是多么的想告诉他，我对她的思念之情，整整十五天，我夜夜故梦都是她的影子，每天醒来都是失落，梦中的她是那样的温婉与美丽，我就在反复的煎熬与等待中让时间流走。

她站在游船舫上，朝我微微颔首，她的丫鬟凌烟在船上为我的痴傻做了回应，她说，你要是对我家小姐有意，可跳进湖水游到我们的画舫上来。她的话还未说完，我便一下子跳进了寒澈的白龙潭，我的脑袋几乎没有一秒的思考，为了你，刀山火海，我都可以，更何况是区区的白龙潭水。

在岸上朋友的惊恐与尖叫声中，我感觉到我的身体在缓缓地下沉，冰冷的潭水让我渐渐地失去了知觉，可是，我的脑海中仍然是影怜姑娘翩若惊鸿的样子，人们都说冲冠一怒为红颜，十六岁的我被这种懵懂的情感折磨与享受着。

等我醒来的时候，眼前是一幅温暖的情景，是我在梦中幻想了千万次的场景，她用纤弱的手臂揽我入怀，满脸的焦急与忧伤。我半眯着眼睛，我好怕我一睁开眼睛，所有的这一切都变成空梦一场。我感受着她的体温，她的手放在我的额头上，是那样的温暖，我不禁想起了我的儿时生病，母亲也是这样，那个时候的母亲，也是个倾国倾城的美人。

就这样，我们在一起了。

接下来的那段时光，是戋人生中最快乐的日子，如果现在要我重新做一个选择，我仍旧会选择爱她，那时的蓝天是如此的蓝，我常常会写很多很多的诗来表达我内心的幸福感。

"好梦分明胜是真，脂香和酒透朱唇"，那是怎样的一段绮丽温柔的时光，如此的香艳梦泽，在自此之后的几十年，我常常会梦到那段时光，美好而明媚的时光。

如果说没有母亲的反对，我想我会娶她，我曾经千万次想过这个问题，我从来没有嫌弃过她的出身，因为她的出身，我甚至更加的疼惜她，可是我的母亲……

　　从小到大，我都是一个听话的孩子，我从未有过忤逆母亲的想法，是父亲母亲给了我生命，我永远心怀感激。那是一个深夜，我去十间楼看完影怜，翻墙回家，却发现母亲坐在我的房间里，漆黑一片，母亲一句话都不说，满脸的哀伤，她知道了我和影怜的事情。

　　我说，我要跟影怜在一起，她从未索要我的钱财。

　　母亲一听暴怒起来，继而嚎啕大哭，这是我第一次见到母亲因为我的事情而恸哭，我心如刀割，"儿啊，她不是要你的钱是要你的命啊。"看着母亲痛哭的样子，我的眼泪也掉下来。

　　"你如果非要跟这个妓女在一起，我就死给你看！"这是母亲摔门而出时留下的最后一句话，我把自己关在房间里面，那时我只有十六岁。

　　后来母亲真的开始绝食，在第三天的时候，我终于跪倒在母亲的身边，大哭起来，"母亲，我听您的话，我听您的话。"那是一种怎样的肝肠寸断。

　　后来我生病了，我还是会在梦里梦到影怜，我不知道她过得好不好，多少个黑夜，我都在痛哭中醒来。那一日，我正卧床，子龙兄来看我，他是我在云间最好的朋友，他看着我羸弱的样子，痛心不已。

　　那一日的雨下得那样的大，是我十六年来见过的最大的一场了吧，我和子龙在厢房里，我跟他讲着我和影怜的故事，忽然外面传来阵阵的敲门声，我仿佛间听见了影怜的哭泣声，我披上一件外衣准备跑出去，可是母亲却站在门口，她满脸的愠色，"不许出去！"

　　我还是往外跑，我和小厮们在雨水中撕扯着，泪水和雨水混在一起，我觉得自己耗尽了全部的力气，门外影怜的叫喊声，声声敲击在我的心坎上，我跌坐在雨水中。

　　子龙兄走到我的旁边，轻声地对我耳语，"我帮你出去看看。"我默然，昏倒在大雨中。

　　第二日，子龙兄一早就来看我，他说影怜约我午时三刻相见，子龙兄还给我带来了一个消息，我的父母动用关系，知县下达了对影怜的逐妓令，这个时候母亲进来了，她答应让我去见影怜，而仅仅是最后一面。

我到达白龙潭的时候，风乍起，寒风吹到人脸上簌簌如雨，她坐在船舫里，默默地在弹着怨歌行，是那样的悲凉，我的心痛起来，直到她看见我，欲语泪先流。直到倭刀砍到古琴上，我忽然想起母亲那种悲伤的面孔，或许，这样刚烈的女子并不适合我。

我转身离去，眼泪簌簌地掉下来，从此之后便是再也不相见。

之后的一段日子，我夜夜躺在床上悲痛不已，白天见到母亲还要强颜欢笑，那是一段如此煎熬的日子。后来我也有自己的妻子，是母亲帮我张罗的女子，我常常让她跳惊鸿舞，看着那翩若惊鸿的样子，我常常会想起影怜来，因为她微笑的样子像极了影怜。

后来，我知道影怜跟子龙大哥在一起了，听到这个消息的时候，我如五雷轰顶般，我知道他们住的地方叫小红楼，嫉妒让我夜不能寐。

后来妻子为我生了一个女儿，我给她取了一个名字叫怜儿，每次叫出口的时候，我的心里都是莫大的安慰，我把所有的爱都给了她。

当我中年以后，官运亨通，我的身边不乏各式各样的女子，但是从未有一个女子让我爱得那么刻骨铭心。后来她嫁给了钱谦益，一个长她三十六岁的老头，他称她为河东君，他们幸福地生活在一起，归隐山林。

我的一生都在被嫉妒之火燃烧着，直到母亲去世，我写了一封信给影怜，只是始终没有寄出去，如果再给我一次重新的机会，我会义无反顾地跟她在一起。

赤道斩琴弦，七弦俱断。只是，一切都已经错过。

第二节　纵使相逢应不识——陈子龙

我娶妻的时候，不过十七八岁，我的妻子是一个大家闺秀，明眸皓齿。

我一直以为我的人生会一直这样过下去，直到她的出现。

那是我第一次见到她，在大雨中，苦苦地哀嚎着，雨水拍打在她的脸上，我为她撑起一把伞，她误认为我是宋弟，紧紧地抱着我的时候，我觉得我是那样的难过，仿佛我们早已相识。

我是祖母带大的，她从我很小的时候，就教育我大丈夫要为国为家，国家兴亡，匹夫有责。等我成年后，我和几个胸怀报国之志的朋友组建了复社，成为复社的领袖人物，就这样，一个烟花女子和一个爱国社团的领袖，我们相爱了。

那是一个初夏的午后，风中带来了暖暖的气息，日光照在小红楼上反射出轻薄的光，透露出清凉的光，小红楼前的栀子花洁白的花朵，庭院深深深几许，满架蔷薇散发出阵阵的奇香，小红楼静谧无声，偶尔会有几只小家雀飞过，清啼一声如水。

香梦沉酣，柳子静静地看着我，那双眼睛一直看着我，充满着爱意，仿佛是看不够的样子，目光能晕出水圈来，璀璨流转，那是我至爱的女子，我总是轻唤她柳子。

小红楼里，我们恩爱如斯，我为他画螺子黛，她为我跳舞，我们一起编纂诗稿，那样的生活，恐怕再也不会有了。

那个细雨霏霏的早晨，我动身赶考，家人去送我，我看见了不远处的柳子，她一身儒士服，牵着一头小马驹，站在不远处看着我和家人依依惜别的场景，我很难过，可是我什么都不能说，我的结发妻子哭得泪水涟涟，我轻轻拍了下她的肩，我知道柳子的难过不会少于她，一转身，泪水顷刻间便喷涌而出，晓来谁染霜林醉，总是离人泪。

赴京赶考的日子是孤独而又寂寞的，我常常会想起柳子，可是好男儿志在四方，我一定要考取功名，国家兴亡，匹夫有责。那是一段寂寞而宁静的时刻，孤灯寒夜，漫卷的诗书。

终于皇天不负有心人，待我考取功名回家的那一刻，所有的一切都已是物是人非。

人去也，人去鹭鸶洲。菡萏结为翡翠恨，柳丝飞上钿筝愁。罗幕早惊秋。

我接过门童递过来的一首诗，是柳子写给我的，我翻开一看是一篇长达三千言的《别赋》，一首《悲落叶》和她在告别南园时即兴吟就的《梦江南·怀人》二十首。

他坐在床边，先读《别赋》：

> ……事有参商，势有难易。虽知己而必别，纵暂别其必深。
> 冀白首而同归，愿心志之固贞。遮乎延年之剑，有时而合，平原
> 之箬，永永其不失矣！

我的泪水顷刻间就模糊了眼眶，都说男儿有泪不轻弹，可是我却再也无法控制住自己内心的感情，脑海里瞬间浮现出柳子写这些时的场景，那时的她定然也是泪流满面的。

小红楼里早已人去楼空，我知道了妻子张氏大闹小红楼的事情，我愤怒不已，可是我承认我的懦弱，我也领教过她的刚强，我知道她觉得的事情，从来都不会再改变，这一点我早已知道。

那些曾经欢愉的时刻，再也不会回来了。

天色乌黑，乌鸦呜咽如啼，梧桐树亭亭玉立，曾经那么阔那么绿的叶子瞬间就枯萎了，那一字一句像一把把利剑，穿透了我的心，那些寂寥的枝干，仿佛在无声地问着苍天，我是那么的难过，痛苦遏制住我的喉咙，让我喘不过气来。

我常常坐在窗前，看着将要西沉的月色，晚来的露水常常会打湿我的

眉毛，曾经那样真挚的爱恋，我想再也不会有了，每每想到这些，我就觉得沉重的思念一点点地剜掉我的心。

无语问苍天。我忽然觉得那样的冷，冷到骨髓，冷到痛彻心扉，深夜里，悲鸣如厮，我们再也无法把手紧握在一起，我们再也无法温暖彼此。

那段时间，我常常喝得烂醉如泥，我常常自责，我算什么真名士？我连自己心爱的女人都保护不了，我的一边是祖母，一边是柳子，愁肠百结，似梦非梦。

消沉了一段时间之后，我开始慢慢明白了柳子的用意，她是为了我的前程而离开我的，我怎么能让自己继续这样消沉下去？我要报答她，我知道，她从离开的那一瞬间就再也不会回到我的身边做姬妾的，而我也没有以匹嫡之礼娶她的勇气。她是一个与众不同的女人，我要为她做一番大男子的事业。

我作为一个男人，总感愧对于她！我看着柳子的诗文，想起了我们这些从相识、同居到分离的几年中，她写了大量的诗词歌赋，何不为她汇集成册，刻印传世，作为我们这段值得永远珍爱的生活的纪念呢？这个酬答，也许不会遭到她的拒绝。即使目前我还没有这个财力，但这个心愿是一定要实现的！我要亲自为她写序，评她的诗艺、才智。

我记得她写给我的《男洛神赋》，气势磅礴，极尽华丽，我常常夜夜诵读，就像箴言一般。从京师赶考回来，我忽然多了两个姬妾，是张氏和祖母为我迎娶的，我看着这两个我一点都不爱的女子，我甚至会把我的怒气迁怒到她们的身上，虽然我知道这是不公平的。

我无时无刻不在关心着柳子的踪迹，我常常给她写诗表达我的思念之情。

何限恨，消息更悠悠，弱柳三眠春梦查，远山一角晓眉愁，无计问东流。

只是，我再也没有收到过柳子的回信。

丁丑之年，我终于考中了朝廷的进士，只是我仍旧没有得到朝廷的重用，我回到南园和几个朋友一起撰书做文章，终于有一天，我听到了秘密的消息，柳子参加了海上义军的支持行动，我马上弃笔从戎，参加了浩浩荡荡的义士中。

常年的军旅生涯，让我的性格变得坚毅，我常常在梦中梦见柳子，她穿着一身戎装，朝我微笑，有一次我们驻扎在一个小村子里，我听见山里的歌声。

小妹子对情郎——恩情深，

你辜负了妹子——一段情，

你见了她面时——要待她好，

你不见她面时——天天要十七八遍挂在心！

我听得潸然泪下，那么直白而熟悉的小曲，却唱得我情真意切。

后来，我见证了越来越多的生离死别，战争让太多的人失去了家乡，每当我孤独寂寞之时，我就重新咀嚼她留下的诗词聊以自慰。我已将她的诗词辑为一集，作为对我们这段美好生活的纪念。汇集了诗一百零六首，词三十一阕，赋三章，题为《戊寅草》，我还亲笔写了序，我希望有朝一日，我能亲自送给她。

萧萧的雨一连下了三五日却没有放晴的迹象，一场秋雨一场寒，酷暑的热气渐渐地消失在秋雨的绵绵萧瑟中。

战争是残酷的，在一次战争中，我被敌军抓了，在种种酷刑的折磨之下，我都没有屈服，我知道，柳子是爱国的，趁看守不备，我一下子跳入了深不见底的湖水，我听着岸上的惊呼声，脑袋里浮现的是柳子的微笑，是那样的明艳迷人。我不知道当柳子听到这个消息的时候，有没有一丝丝的欣慰。

她曾经是我的信仰，我记得在小红楼的时候，她就喜欢凝视我，像是要把我深深地刻在眼眸的深处，柳子不放弃自己的信仰，我亦不能。

她走了，再也不会回来了，而现在，我也要走了，我的心中顿时又充满了希望，或许又是另一个新的开始。

仿佛只是一个夜晚那么长，郁郁葱葱的梧桐就生出了许多的黄叶子，细细的经脉，好像永远都不能愈合的伤。

我这一生，充满了太多的坎坷，我保护不了心爱的女人，我没有看到我的国家最后的胜利，我这一生是懦弱的，当我最后一刻投入深水中的时候，我知道这一件事情我做对了。

我想在我死后，他们会发现我随身携带的《戊寅草》，我期望着他们能把这本书交给柳子，我为柳子做的这些，我希望她能看得到。

附录一

柳如是诗词（另附柳如是诗词）

论柳如是诗词中的侠气

论柳如是诗词中的侠气

摘要：柳如是是明末清初的女诗人，她虽为秦淮名妓，却有着一般人难以比拟的民族气节和爱国情操，坚贞的民族气节使她能在古代青楼女子中独树一帜，成为青楼文化的重要代表之一。她的一生可歌可泣、可悲可叹、可敬可佩，充满了传奇色彩。本文就是通过她的诗词来表现她的任侠之气，揭示她才女与英雄的双重性格，看她如何在明末清初这样一个乱世中鄙弃摧眉折腰、腆颜事人的傲岸品质与不凡的个性 。

关键词：柳如是 诗词 侠气

一、柳如是概述

柳如是（公元 1618—公元 1644）江苏吴江人，一生数易其名，本姓杨，名爱，字朝云，又字影怜，后改姓柳，名隐，又名是，字如是，又字蘼芜，号我闻居士，又号河东君，等等。"如是"则取于辛弃疾的"我看青山皆妩媚，料青山看我应如是"。后因钱谦益为其建筑"我闻室"，故号"我闻居士"，亦称"河东君"。她工诗词，善丹青。

在她短暂的一生中，作出了许多绝非一般女子所能作为的事情，写出了许多比当时千百诗家墨客高明得多的诗词文章。柳如是一生曲折坎坷。柳如是从一名低贱的婢女到退休宰相周登道的小妾，好景不长，由于她在府上备受宠爱，遭受白眼，后因被陷害被卖为妓女。从此混迹于风尘当中，成为吴中名妓，曾倾心于才子宋辕文，后因其家庭阻碍及柳如是刚烈的性格，两人的爱情无疾而终。柳如是也作为有伤风化的流妓被驱逐出境。几经波折后柳如是认识了陈子龙，因与陈子龙情投意合、志同道合，因此两人互生爱慕，在鸳鸯楼开始了同居生活。柳如是对于陈子龙可谓痴情，虽没有善终，但陈子龙的创作对他产生了深刻的影响，她大部分成熟的作品都完成于这个时期。柳如是虽然经历了两次的情感上的失败，但她并没有因此而沉沦，而是将情感倾注于创作上，直到读到文坛元老钱谦益的诗词文章，竟昌言于人："吾非才学如钱学士虞山者不嫁。"两人冲破年龄的界限，后钱谦益"礼同正嫡"迎娶了柳如是。

柳如是也有满腔的爱国热情，清兵占领南京后，柳如是劝夫殉国以保名节，但钱谦益辞以不能，率群臣降清，成为千古遗恨。后复明无望，柳如是在女儿出嫁后祝发入道，康熙三年钱谦益病逝，引发钱氏家难，柳如是不堪族人苦逼，以三尺白绫结束了自己 47 岁的生命，向封建礼教做出了最后一次无声的反抗。

柳如是在名门淑媛眼中是一个"乱礼法、败风俗"的娼妓，她的行为让很多闺中女子所不耻。有些语言作为一个闺中女子不可言而她却能言，有些事作为一个闺中女子不可为而她却能为，有些情感作为闺中女子不可想而她却能想，可以说，她更能放任不羁地去表现自己的思想情感，能够更为充分、真实地展现自己的个性。如《垂杨碧》中"闷杀风前杨柳"、"细腰空白守"之句，与《古诗十九首》中的"荡子行不归，空床难独守"如出一辙，对人性世俗情爱的表达绝非一般闺秀诗人所敢直言。客观来看，她是一个敢作敢为的侠女，她有自己的行事风格，不为世俗的眼光所束缚，狂放不羁，心高气傲。非凡的胆识使她不屈己、不附众、直言不讳。心存国家社稷，重义轻财，这样一个出生卑微的青楼女子却有如此的毅力和决心，这份坚持足以让人为之动容。她独立不已的人格及过人的才华注定她不会永远地被历史的洪流所埋没。

柳如是是明末清初在女性文学史上的一枝奇葩。她命运坎坷悲壮，然而人生之笔却挥洒得英气满纸。她的任侠之气，可以和须眉相媲美；她决不仕清的骨气，令当时许多腆颜失节之士汗颜；她又是一名才女，其诗作在创意、才情成就上可与历代女诗人相比，不仅未遑多让，甚至高出一筹。因此她的诗词比普通人来得更有意义，她凭自己的性格品质和诗词造诣在中国女性文学史上占有一席之地。清代女作家林雪女史特为《尺牍》做小引一篇说到："朗朗数千言，艳过六朝，情深班蔡。"

二、侠之论

侠是指仗义的人见义勇为。义是指人际关系中的一种抽象的道德义务行为准则。侠气是指凭借自己的力量去做惊人之事，不受约束，随意而行，不吝惜自己的财物，有自己的行事作风等行为过程中所表现出来的一种精神状态和内心世界的气质以及长期形成的作风习气。简单说来就是一种性格和品质在行为上有所体现。在司马迁眼中侠义精神是一种人格理想，即人的性格和品质。《史记·游侠列传》曰："今游侠，其行虽不轨于正义，然其言必信，其行必果，己诺必诚，不爱其躯，赴士之厄困，既已存亡生死也矣，而不矜其能，羞伐其德，盖亦有足多者焉！"简单来说就是"事了拂衣去，深藏身与名"。换句话说，如果一个人能拥有这样的性格和品质并在行为上有所体现，那么我们就可说他有侠气。

提起侠，许多人可能都有这样的想法："侠"不仅身怀绝技，而且义薄云天；不仅是异人，而且还是义士。还会马上联想到"武侠"，但侠并不一定非武不可，文人的侠气也是大家关注的一个焦点，自古以来文人利用他们诗文抒发书剑飘零的感慨，展示他们的侠者风范，诗词中充满了令人敬佩的侠气，也可让人感觉威严、震撼。随着时间的流逝和积累，文化的沉淀，侠所剩下的值得我们关注的并且有价值的就是其独立人格张扬和崇高的社会责任感，其更多的是以人格风范和精神力量的形式存在。我们确不必把侠只看作某种特殊的人物，更不必一提"侠"字便只想到好勇斗狠之类。侠或非侠，不仅是对人物的分类，也是对人性的不同描述。人性的内涵本来极为丰富，侠气，或曰侠性，乃是人性的一个侧面，一个部分，在不同时代、不同处境

附录一
柳如是诗词

和不同地位的人，可有不同的具体表现。例如李白的侠气在于他诗文的豪爽狂放，而辛弃疾的侠气则在于他的诗文中有很多是表现其崇高民族气节的。侠气或侠性本身又和人性的其他内涵一样，颇为复杂，既有好的一面，也有坏的一面，所谓好坏，在一定条件下又可以转化或产生不同效果，所以不可一概而论。

李德裕是个政治家，他也宣视豪侠，但主要是看重汲黯这样的官中之侠，而尤其提倡的是侠之"气义"二字。其《豪侠论》云：

> 爰盎、汲黯，皆豪侠也。若非气盖当世，义动明主，岂有是
> 名哉？……夫侠者，盖非常人也。虽以然诺许人，必以节义为本。
> 义非侠不立，侠非义不成，难兼之矣。……士之任气而不知义者，
> 皆可谓之盗矣。然士无气义者，为臣必不能死难，求道必不能出
> 世。近代房儒（孺？）复问径山大师："欲学道，可得至乎？"
> 径山对曰："学道唯猛将可也——身首分裂，无所顾惜！"由是
> 知士之无气义者，虽为桑门，亦不足观矣。

李德裕之论的意义在于把侠性普泛化，使侠之气义不但适用于为臣，而且适用于学道，举一反三，实际上是适用于为人处事的方方面面。

辛弃疾极具侠气，这不奇怪，他本来就是个武人，带过兵，打过仗，义勇过人，那点儿侠气用之于文学，便造成他独特的豪放词风而绰绰有余。文人往往近儒，且往往多愁多思，患得患失，缺乏实际行动的勇气、决心和能力，因而文人而能具侠气（具侠气则无上述诸病）就更加难能可贵。文天祥将生死置之度外，与国家共存亡，"留取丹心照汗青"诚然也是一种侠气。

从根本上来说在不同的历史条件下，不同的处境，不同的人，其侠气均有不同，有的有独立的人格，有将生死置之度外的淡然，有满腔爱国的激情，这些对于我们的研究和学习都是有价值的。侠与有侠性者为人价值的重要方面——其人不容于现实之世，其独立不倚的人格却流芳百世，任何伟大的现实功业经时光的冲刷终会暗淡，惟有人格的光辉将永远照耀后人，并化为民族文化的基因积淀于人性深处，留存于民族的血脉之中。

（摘自《江苏广播大学学报 2005 年 02 期》）

柳如是诗词

金明池·咏寒柳

有怅寒潮，无情残照，正是萧萧南浦。更吹起，霜条孤影，还记得，旧时飞絮。况晚来，烟浪斜阳，见行客，特地瘦腰如舞。总一种凄凉，十分憔悴，尚有燕台佳句。

春日酿成秋日雨。念畴昔风流，暗伤如许。纵饶有，绕堤画舸，冷落尽，水云犹故。忆从前，一点东风，几隔着重帘，眉儿愁苦。待约个梅魂，黄昏月淡，与伊深怜低语。

江城子·忆梦

梦中本是伤心路。芙蓉泪，樱桃语。满帘花片，都受人心误。遮莫今宵风雨话，要他来，来得么。

安排无限销魂事。砑红笺，青绫被。留他无计，去便随他去。算来还有许多时，人近也，愁回处。

南乡子·落花

拂断垂垂雨，伤心荡尽春风语。况是樱桃薇院也，堪悲。又有个人儿似你。

莫道无归处，点点香魂清梦里。做杀多情留不得，飞去。愿他少识相思路。

杨白花

杨花飞去泪沾臆，杨花飞来意还息。

可怜杨柳花，忍思入南家。

杨花去时心不难，南家结子何时还？

杨白花还恨，飞去入闺闼，

但恨杨花初合时，不抱杨花凤巢里。

却爱含情多结子，愿得有力知春风。

杨花朝去暮复离。

杨花

轻风淡丽绣帘垂，婀娜帘开花亦随。

春草先笼红芍药，雕栏多分白棠梨。

黄鹂梦化原无晓，杜宇声消不上枝。

杨柳杨花皆可恨，相思无奈雨丝丝。

杨柳·其一

不见长条见短枝，止缘幽恨减芳时。

年来几度丝千尺，引得丝长易别离。

杨柳·其二

玉阶鸾镜总春吹，绣影旎迷香影迟。

忆得临风大垂手，销魂原是管相思。

梦江南·怀人

其一

人去也，人去凤城西。细雨湿将红袖意，新芜深与翠眉低，蝴蝶最迷离。

其二

人去也，人去鹭鹚洲。菡苕结为翡翠恨，柳丝飞上钿筝愁。罗幕早惊秋。

其三

人去也，人去画楼中。不是尾涎人散漫，何须红粉玉玲珑。端有夜来风。

其四

人去也，人去小池台。道是情多还不是，若为恨少却教情。一望损莓苔。

其五

人去也，人去绿窗纱。赢得病愁输燕子，禁怜模样隔天涯。好处暗相遮。

其六

人去也，人去玉笙寒。凤子啄残红豆小，雉媒骄拥亵香看。杏子是春衫。

其七

人去也，人去碧梧阴。未信赚人肠断曲，却疑误我字同心。幽怨不须寻。

其八

人去也，人去小棠梨。强起落花还瑟瑟，别时红泪有些些。门外柳相依。

其九

人去也，人去梦偏多。忆昔见时多不语，而今偷悔更生疏。梦里自欢娱。

其十

人去也，人去夜偏长。宝带乍温青骢意，罗衣轻试玉光凉。薇帐一条香。

附录二

柳如是年表

万历四十六年、天命三年（1618）戊午柳如是生。据陈寅恪《柳如是别传》考证，柳如是本姓杨，一度称杨朝，字朝云。最初名云娟。浙江嘉兴人（一说江苏吴江人）。四五岁时，因家遭变故，被人口贩子从嘉兴拐卖到吴江盛泽镇归家院，受教于江南名妓徐佛。

崇祯四年 天聪五年（1631）辛未柳如是十四岁。

被"吴江故相"周登道家买于勾栏。初为周府老夫人侍婢，因其善解人意，深得周老夫人欢心。后被周登道强索为侍妾。不及一年，周府群妾谣诼蜚语加害于柳如是，几被处死，因周老夫人阻拦，将其逐出周府，再卖于娼家。

崇祯五年 天聪六年（1632）壬申柳如是十五岁。

从周登道家流落松江。改"云娟"之旧名，易以"影怜"，表示身在浊世，知己难求之意。重返盛泽镇归家院。以"相府下堂妾"的身份高自标置，独张艳帜，自备画舫，浪迹吴越间，开始浮家泛宅的游妓生涯。

十一月初七日，赴松江佘山陈继儒山居晚香堂，为陈氏七十五寿辰祝嘏。名姝佳丽有王修微、林雪，名士才子有陈子龙、宋征舆、李待问、李雯、宋征璧等。松江三大才子之一的宋征舆开始追恋柳如是。

崇祯六年 天聪七年（1633）癸酉，柳如是十六岁。

因宋征舆不堪爱情考验，柳如是以倭刀斫断古琴七弦，以示与之决裂。松江府衙门受宋母之请托，以有伤风化，责令柳如是限期离境。陈子龙仗义为之解围。

春，柳如是与陈子龙相恋。陈子龙为柳如是作《青楼怨》七绝二首。

秋，陈子龙北上京城赴会试，柳如是赠诗《送别》五律二首。陈子龙作《录别》四首以酬答。

崇祯七年 天聪八年（1634）甲戌柳如是十七岁。

春。陈子龙会试落第归乡。陈、柳二人多有酬咏唱和之作。

柳如是第一次嘉定之游。时在暮春至初秋间。与"练川三老"程嘉燧、唐时升、娄坚及李流芳等人相识交接，畅游名园，作长夜之饮，诗歌酬酢，约以重游练川。

秋冬之季，柳如是作《男洛神赋》并《序》，献与陈子龙以示爱，陈子龙以《采莲赋》应答。

崇祯八年 天聪九年（1635）乙亥柳如是十八岁。

春，与陈子龙同居于松江南园。陈子龙作《樱桃篇》、《秋潭曲》。柳如是作《游龙潭精舍登楼作，时大风，和韵》、《声声令·咏风筝》等。

初夏，陈子龙正妻张孺人挟陈氏祖母高安人、继母唐宜人之命，亲到南园，迫使柳如是与陈子龙仳离。柳如是移居横云山麓。其间陈、柳二人多有同题并作唱和之诗。

崇祯九年 清太宗崇德元年 丙子柳如是十九岁。

正月初至二月末第二次嘉定之游，以履前约。留宿嘉燧家。

与复社领袖张溥（西铭）相识。改名杨媛。沈虬《河东君传》："我邑盛泽镇有名妓徐佛者，能诗，善画兰，虽居乡镇，而士大夫多有物色之者。丙子年间，娄东张西铭先生慕其名，至垂虹亭，易小舟访之，而佛已于前一日嫁兰溪周侍御之弟金甫矣。院中惟留其婢杨爱。杨色美于徐，诗、字亦过于徐。因携至垂虹，余于舟中见之，听其音，禾中人也。"

崇祯十一年 崇德三年（1638）戊寅柳如是二十一岁。

刊刻诗集《戊寅草》，署"柳隐如是著"。陈子龙为其作序。

秋，应邀赴杭州，住汪汝谦横山别墅。登汪氏画舫"不系园"，同泛西湖，品茗交谈。在杭期间 柳如是作《西泠》十首。经汪汝谦之介，与谢三宾结识。

崇祯十二年 崇德四年（1639）己卯柳如是二十二岁。

初春作《西湖八绝句》。刊刻《湖上草》，亦署"柳隐如是著"。

钱谦益在草衣道入王修微家得见柳如是《西湖八绝句》诗，对"桃花得气美人中"句激赏不已。柳如是应邀与钱谦益晤会，并同游西湖。

崇祯十三年 崇德五年（1640）庚辰柳如是二十三岁。

春，鄙薄谢三宾人品卑劣，与之绝交。发病呕血，离杭避往嘉兴养疴，住在吴来之芍园。月余后移居盛泽镇归家院，借禅悦以遣闷寄怀。

崇祯十四年 崇德六年（1641）辛巳柳如是二十四岁。

春，二人同游苏州、嘉兴。柳如是病，独住芍园休养。钱谦益一人赴西湖观梅。

六月初七日，钱谦益以匹嫡之礼与柳如是结缡芙蓉舫中，招致士大夫物议。

崇祯十六年 崇德八年（1643）癸未柳如是二十六岁。

冬，绛云楼落成。绛云之义，盖取《真诰》九华安妃语也。楼在半野堂之后，虽止五楹，而制度弘丽。

崇祯十七年 清顺治元年 公元1644年 甲申柳如是二十七岁。

五月十五日，明福王朱由崧即位于南京，改年号弘光。起用钱谦益为礼部尚书，柳如是随夫至南京赴任。

弘光元年 隆武元年 顺治二年（1645）乙酉柳如是二十八岁。

清兵南下，五月近逼南京。柳如是劝钱谦益殉国，钱谦益谢以不能。柳如是奋身投水，被阻。

顺治三年（1646）丙戌，钱谦益六十五岁，柳如是二十九岁。

正月，清廷以钱谦益为礼部右侍郎管秘书院事，充修《明史》副总裁。

永历元年、顺治四年（1647）丁亥，柳如是三十岁。

三月，柳如是赴海上犒师。陈子龙抗清失败被捕，投水自杀死。

永历二年、顺治五年（1648）戊子，柳如是三十一岁。

柳如是生下一女，取名柳小照。

永历三年、顺治六年（1649）己丑，柳如是三十二岁。

钱、柳夫妇从苏州返回常熟，移居红豆山庄，暗中开展复明活动。

永历四年、顺治七年（1650）庚寅，柳如是三十三岁。

三月，黄宗羲至常熟，住钱氏绛云楼，共商反清复明大计。

十月，绛云楼失火，移居红豆山庄。

永历十年、顺治十三年（1656）丙申，柳如是三十九岁。

八月，舟山失守。

永历十一年、顺治十四年（1657）丁酉，柳如是四十岁。

钱谦益再赴南京，接应郑成功攻取南都。

七月，郑成功兴师北伐浙江。

康熙二年（1663）癸卯，柳如是四十六岁。

夏，郑成功逝世。

秋，柳如是祝发入道

康熙三年（1664）甲辰，柳如是四十七岁。

五月二十四日，钱谦益病故，享年八十三岁。

族人勾结，乘机抢封钱氏家产。

六月二十八日，自缢于荣木楼，殉钱氏家难，钱子孙爱以匹礼将其与钱谦益合葬。